U0877847

省级一流本科专业建设成果教材

物理化学课程思政案例
融合科学与育人的教学设计

胡素娟　张鸿飞　李艳妮　熊明洋 ◎ 编著

化学工业出版社
·北京·

内容简介

本书以物理化学课程核心知识体系为基础，以“立德树人”为目标，围绕“课程思政”建设要求，内容涵盖热力学、动力学、电化学等重点章节，有机融入家国情怀、科学精神、创新思维、使命担当等思政元素。本书通过系列教学案例和实践活动的设计，实现专业知识教育与价值观培养的深度融合，具有较强的实用性与指导性。本书可作为普通高等院校化学、化工、材料、环境等理工类专业教材、教辅，本书案例也可供课程思政研究者及教改实践者参考与借鉴。

图书在版编目（CIP）数据

物理化学课程思政案例：融合科学与育人的教学设计 / 胡素娟等编著. -- 北京：化学工业出版社，2025. 11. --（省级一流本科专业建设成果教材）. -- ISBN 978-7-122-49210-4

Ⅰ. G641

中国国家版本馆 CIP 数据核字第 20251N7Y36 号

责任编辑：张　艳　　　　文字编辑：高　琼
责任校对：李雨函　　　　装帧设计：王晓宇

出版发行：化学工业出版社
（北京市东城区青年湖南街 13 号　邮政编码 100011）
印　　装：北京天宇星印刷厂
787mm×1092mm　1/16　印张 12　字数 257 千字
2026 年 1 月北京第 1 版第 1 次印刷

购书咨询：010-64518888　　售后服务：010-64518899
网　　址：http://www.cip.com.cn
凡购买本书，如有缺损质量问题，本社销售中心负责调换。

定　　价：49.80 元

前言

课程思政是新时代高校全面落实立德树人根本任务的关键路径。党的二十大报告明确指出，用社会主义核心价值观铸魂育人，完善思想政治工作体系，推进大中小学思想政治教育一体化建设。

物理化学作为化学及相关理工科专业的核心基础课程，内容抽象、理论性强，多聚焦于公式推导、概念辨析和模型构建。然而，在深厚的学科逻辑背后，物理化学课程同样蕴含着丰富的育人资源。它不仅是现代科技的理论基石，更是推动国家科技进步和工业腾飞的理论支撑。长期以来，物理化学课程的教学往往侧重知识体系的完整性与逻辑性，却忽略了其所承载的社会价值、文化内涵及思政育人功能。倘若这些内容在课堂中被合理挖掘并与思政元素有效融合，必将大幅度提升课程的思想深度和育人温度。

《物理化学课程思政案例：融合科学与育人的教学设计》正是在这一时代背景下应运而生的。本书紧扣"课程思政"理念，围绕物理化学课程的架构与教学重点，提炼出融入思政元素的典型教学场景，构建起"科学逻辑＋育人逻辑"双轨并行的教学设计体系。作者团队围绕热力学第一定律、热力学第二定律、化学平衡、相平衡、化学动力学和电化学等核心内容，在每一章中都结合实际教学经验，设计了具体的课程思政案例，如通过讲解能量转化中的守恒定律引出绿色发展理念，通过分析反应速率控制问题引导学生关注责任与效率，通过电化学技术的应用关联国家能源战略与"双碳"目标等。这些案例不流于形式、不刻意拔高，而是借助问题引导、案例分析、情境设计等方式，将价值引领自然融入教学全过程，达成"润物细无声"的教育成效。本书在内容编排上注重实用性与启发性相结合，力求为一线教师提供可操作、可借鉴的教学支持。每个案例均设有"章节简介""章节蕴含的思政元素分析""教学设计""课外思考题""教学评价"与"参考案例与思政融合"等模块，系统呈现了课程思政的设计路径和实施逻辑，便于教师结合自身教学风格进行灵活调整和拓展。值得一提的是，本书由物理化学课程教学一线骨干教师共同编写，既保证了专业内容的严谨性，又充分彰显出思政内容的深度融合。本书精选的每个教学案例均经过严格的教学实践检验，进行了多轮课堂试点与效果评估，验证了案例的可行性和普适性，为同类院校开展课程思政教学提供了可复制的示范样本。

我们坚信，课程思政绝非专业知识的“附属”，也不是教学任务的“叠加”，而是教育本质的回归，是育人使命的深化。唯有将育人目标内嵌于知识体系之中、体现在教学行为之上，方能真正实现“知识传授与价值塑造”协同并进。本书旨在为理工科教师开展课程思政提供可操作的教学范式，同时期望激发教育工作者对思政教学创新的深入探索，携手推动高等教育朝着更具科学性、开放性、育人性和融合性的方向发展。

限于编著者水平，本书难免存在不足之处，恳请广大读者不吝批评指正。

编著者

2025 年 8 月

目录

第15章　相辅相成：探究润湿吸附在实际生产生活中的应用　/　169

第1章

授之以渔：物理化学绪论

——在“物理化学绪论”教学中融入课程思政的实践探索

专　　业： 化学/化学工程与工艺

授课对象： 化学专业/化学工程与工艺专业本科二年级学生

1.1 章节简介

本章介绍物理化学的建立与发展历程，阐述其研究目的、主要内容及学科框架，探讨物理化学的研究方法，并针对课程特点提出高效的学习方法，为后续章节奠定基础。

1.2 章节蕴含的思政元素分析

1.2.1　根植家国情怀

通过介绍德文《物理化学杂志》的创办背景和影响，以及唐有祺院士创办《物理化学学报》的过程，让学生了解物理化学学科的发展历史，感受科学家的爱国情怀和科学精神，培养学生的民族自豪感和社会责任感，培养学生家国情怀，提升民族自信心与自豪感。

1.2.2　激发创新精神

中国现代电化学的奠基人田昭武院士，他提倡并践行源头创新和学科交叉，勇闯我国电化学领域空白区，在电化学领域创造了无数原创性的重大成果。以他的事迹鼓励学生积极探索，培养学生运用所学知识创新性解决实际问题的能力。

1.2.3 培养科学精神

徐光宪院士根据液-液萃取平衡与动力学传质原理，建立稀土分离的“三出口工艺”，使我国稀土纯度从 30%提升至 99.999%，奠定了中国“稀土强国”的地位。让学生了解物理化学知识在科学研究中的实际应用，同时培养学生的科学探索精神。通过在课前预习中预设问题并让学生分小组讨论思考的教学方式，使学生既在查阅资料的过程中锻炼了检索、归纳、概括知识的能力，也认识到不能盲目跟风，要用科学的方法分析社会热点问题，认真思考、理性对待，从而培养学生的科学精神。

1.2.4 塑造正确的价值观

国家最高科学技术奖获得者张存浩院士，是中国高能化学激光领域的奠基人和开拓者、分子反应动力学学科的创始人，并在这些领域做出了突出贡献。以他的事迹激励学生的爱国情怀，使学生立志通过学习化学为祖国工业发展做出贡献并服务经济社会发展，培育学生大国工匠精神，树立学生民族自豪感、自信心、服务经济社会发展的责任感和使命感。

1.2.5 教学中的思政结合点

参见表 1-1。

表 1-1 绪论教学中的思政结合点

专业知识点	思政元素	方法
物理化学概念提出及发展	学科发展中的中国贡献	案例教学：德文《物理化学杂志》的创刊标志着物理化学学科正式建立。中国《物理化学学报》的创办、第一部《物理化学》中文教科书的编著，大大推动了国内物理化学学科发展和中国科学家在物理化学领域的学术影响力
中国科学家对物理化学发展的贡献	家国情怀	师生互动：通过介绍中国的物理化学家为提升中国在世界的竞争力做出的杰出贡献，如黄子卿精确测定水的三相点、卢嘉锡建立固氮酶活性中心结构模型、傅鹰提出表面化学的吸附理论，以此激发学生的民族自豪感和爱国情怀

续表

专业知识点	思政元素	方法
中国物理化学发展历史	工匠精神	小组讨论：讲解国家最高科学技术奖获得者张存浩院士、电化学科学仪器自主研制的先行者田昭武院士、中国热力工程学先驱陈大燮教授、超疏水仿生材料开创者江雷院士等的事迹，引导学生学习榜样、立志学习化学以为祖国工业发展做出贡献
物理化学研究方法	科学精神	案例教学：通过介绍中国科学家利用飞秒激光技术研究分子反应动力学，让学生了解物理化学知识在科学研究中的实际应用，同时培养学生的科学探索精神

1.3 教学设计

1.3.1 教学章节

第 0 章　绪论

0.1　物理化学的建立与发展

0.2　物理化学的目的和内容

0.3　物理化学的研究方法

0.4　物理化学课程的学习方法

1.3.2 教学目标

1.3.2.1 知识目标

① 使学生了解物理化学的历史背景、学科发展以及研究目的和内容。

② 掌握物理化学的基本研究方法和课程学习的方法论，打下坚实的理论基础。

1.3.2.2 能力目标

① 学生将具备批判性思维，能够评估物理化学在科学发展中的作用，并运用所学方法进行科学研究。培养学生自主学习和持续学习的能力，掌握有效的学习策略。

② 提升学生应用数学和物理方法解决实际物理化学问题的能力。培养数据处理和分析能力，使学生能够运用统计方法进行相关计算和分析。

1.3.2.3 育人目标

① 培养学生尊重科学事实和逻辑的态度，增强其对科学的热爱和探索精神，树

立其辩证唯物主义的世界观。使其通过了解物理化学的发展，增强社会责任感和历史使命感。

② 培养学生严谨的科学态度和求实精神，树立科学探索的勇气和信心。增强学生在实际应用中的责任感和职业道德意识，激发其对科学研究的兴趣和创新意识。

1.3.3 教学内容分析

1.3.3.1 教学内容

（1）物理化学的定义、研究目的和研究内容

① 物理化学——从研究化学现象和物理现象之间的相互联系入手，从而探求化学变化中具有普遍性的基本规律。在实验方法上主要采用物理学的方法。

② 研究目的：物理化学主要是为了解决生产实际和科学实验中向化学提出的理论性问题，揭示化学变化的本质，以更好地驾驭化学，使之为生产实际服务。

③ 研究内容（解决三个方面的问题）：

a. 化学反应的方向和限度问题——化学热力学；

b. 化学反应的速率和机理问题——化学动力学；

c. 物质的性质与其结构之间的关系问题——物质结构。

（2）物理化学的研究方法

① 遵循“实践—理论—实践”的认识过程，分别采用归纳法和演绎法，即从众多实验事实概括到一般，再从一般推理到个别的思维过程。

② 综合应用微观与宏观的研究方法，主要有：热力学方法、统计力学方法和量子力学方法。

a. 热力学方法：以众多质点组成的宏观体系作为研究对象，以两个经典热力学定律为基础，用一系列热力学函数及其变量描述体系从始态到终态的宏观变化，而不涉及变化的细节。经典热力学方法只适用于平衡体系。

b. 统计力学方法：用概率规律计算出体系内部大量质点微观运动的平均结果，从而解释宏观现象并能计算一些热力学的宏观性质。

c. 量子力学方法：用量子力学的基本方程（E. Schrödinger 方程）求解组成体系的微观粒子之间的相互作用及其规律，从而指示物性与结构之间的关系。

（3）物理化学的建立与发展

① 形成阶段（19 世纪）：

a. 工业革命推动化学向现代科学转型。

b. 理论基础建立：道尔顿原子论（1803 年），阿伏伽德罗分子论（1811 年）。

c. 19 世纪中叶学科雏形初现。

② 发展阶段（18～20 世纪初）：

a. 萌芽期（18 世纪）：从燃素说到能量守恒定律，罗蒙诺索夫首次提出“物理化学”概念。

b. 确立期（19 世纪）：1887 年《物理化学杂志》创刊。

c. 重要里程碑：热化学（盖斯，1840 年）、元素周期律（门捷列夫，1869 年）、多相热力学（吉布斯，1876 年）、稀溶液理论（范特霍夫，1884 年）、电离理论（阿伦尼乌斯，1886 年）、热力学第三定律（能斯特，1906 年）。

d. 微观突破（19 世纪末～20 世纪初）：量子革命（1895～1910 年）-X 射线、电子、放射性元素等发现，量子化学理论建立。

③ 现代前景：

a. 跨学科应用：涵盖无机化学/有机化学/高分子化学/生物化学。

b. 技术驱动：计算机技术拓展研究维度。

c. 持续发展：理论深化与技术创新并进。

（4）近代物理化学的发展趋势和特点

近代物理化学的发展可分为以下几个阶段：

① 19 世纪末至 20 世纪初：量子力学与原子结构。这一阶段以量子力学的诞生为标志，普朗克、爱因斯坦、玻尔等人的工作揭示了微观粒子的量子特性。量子力学的发展为原子和分子结构的研究提供了理论基础，薛定谔方程和海森堡不确定性原理成为核心工具。

② 20 世纪中期：分子光谱与化学动力学。随着光谱技术的进步，分子光谱学成为研究分子结构和化学键的重要手段。化学动力学理论逐渐成熟，过渡态理论和反应速率理论得到广泛应用，阿伦尼乌斯方程和碰撞理论成为基础。

③ 20 世纪后期：计算化学与表面科学。计算机技术的发展推动了计算化学的兴起，密度泛函理论（DFT）和分子动力学模拟成为研究分子行为的有力工具。表面科学和催化化学取得突破，纳米材料和界面化学成为研究热点。

④ 21 世纪：跨学科融合与新技术应用。

a. 从单一学科到交叉学科：物理化学与生物学、材料科学等领域的交叉融合加深，生物物理化学和能源材料化学成为前沿方向。

b. 从研究平衡态到研究非平衡态：新技术如超快激光光谱、单分子检测和人工智能在物理化学中的应用，推动了反应机理和复杂系统的深入研究。

近代物理化学的发展呈现出理论深化、技术革新和跨学科融合的趋势，持续推动化学科学的进步。

（5）物理化学课程的学习方法

① 注意逻辑推理的思维方法，反复体会感性认识和理性认识的相互关系。

② 抓住重点，自己动手推导公式。

③ 多做习题，学会解题方法。很多知识点只有通过解题才能学到。

④ 课前自学，课后复习，勤于思考，培养自学和独立工作的能力。

1.3.3.2 教学重点

物理化学学科内容、研究方法、应用前景及学习意义，热力学/动力学/结构基础，以及物理化学与相关学科的关系。

1.3.3.3 教学难点

① 物理化学课程的学习方法；

② 物理化学主要研究内容；

③ 物理化学概念提出及发展历程。

1.3.4 教学过程

依据教学目标、学生中心和产出导向 3 个方面，对“绪论”一章的教学内容、教学方法和思政元素进行了精心设计。

1.3.4.1 引入阶段

采用案例导入，通过介绍 1887 年德文《物理化学杂志》的创刊及 1985 年中国《物理化学学报》的创办等内容引导学生意识到：中国物理化学学科虽然起步较晚，但是通过中国科学家的不懈努力和他们所做出的众多贡献，我国的物理化学学科发展如今逐渐站在世界前列。

引导学生思考物理化学研究的内容究竟是什么？所采用的方法是什么？经历了怎样的发展历程？

1.3.4.2 知识讲解阶段

物理化学是从物理现象与化学变化的联系入手，研究化学反应普遍规律的科学。课程将采用“现象—理论—应用”的递进式教学法，通过热、电、光等物理现象与化学反应的关联案例（如酒驾检测中的化学平衡原理），引导学生理解物理化学的核心研究方法——以实验为基础，结合物理原理和数学工具分析化学问题。在知识体系的构建上，将以热力学三大定律为主线，串联化学平衡、相平衡、电化学等核心内容，并延伸至表面化学、催化作用等前沿领域。教学中融入江雷院士等中国科学家在物理化学领域的贡献等思政案例，培养学生的科学精神和家国情怀。针对课程理论性强、公式多的特点，建议采用“概念树”梳理知识脉络，通过利用化学反应动力学原理降低汽车尾气污染和电化学原理提升电池性能等应用案例，解析公式的物理意义及适用条件，配合阶梯式习题训练，提升学生解决问题的能力。课程还将结合物理化学从 18 世纪燃素说到现代量子化学的发展历程，帮助学生建立完整的学科认知体系。

1.3.4.3　案例分析与讨论阶段

（1）组织学生分组讨论

指导学生研读江雷院士在 2002 年发表在 *Advanced Materials* 上的文章“Super-Hydrophobic Surfaces：From Natural to Artificial”。江院士从仿生学角度出发，通过研究自然界中的荷叶效应，开发出一种人造超疏水表面。通过案例分析，指导学生从中体会江院士的科学创新精神，培养学生发现问题、提出问题并能科学地表述问题的能力。

江雷院士是中国在仿生超浸润材料领域的先驱者之一，他提出的“二元协同界面效应”理论为超浸润材料的设计提供了框架。在介绍超疏水/亲水材料的过程中，还可以结合江雷院士的科研精神和爱国情怀，强调科学家的社会责任感和对国家的贡献。这不仅有助于培养学生的科学素养和爱国意识，而且也符合习近平总书记强调的教育目标，即“培养创新型、复合型、应用型人才”。

然后，引出问题：中国物理化学领域还有哪些著名的科学家？他们的重要贡献有哪些？

① 卢嘉锡院士提出的“福州模型”对物理化学领域的贡献主要体现在对固氮酶活性中心结构的研究上。20 世纪 60 年代，卢嘉锡从结构化学角度出发，分析了双氮分子的异常惰性以及加强氮分子络合活化的结构问题，提出了固氮酶活性中心结构的初步模型——福州模型Ⅰ。这一模型后来得到顺磁、穆斯堡尔谱和超精细表面结构分析法对固氮酶钼铁蛋白和铁钼辅基进行研究所得结果的支持。卢嘉锡的这一贡献对理解固氮酶活性中心的结构和功能具有重要意义，推动了中国在化学模拟生物固氮及有关原子簇合物的合成和结构化学研究领域跻身世界前列。

② 陈大燮是中国热力工程学的先驱，对热力学第一、第二定律，蒸汽及内燃周程，蒸汽机原理等方面的研究与教学做出了卓越贡献。他在抗战时期设计了一种“立式管锅炉”，获得了专利权，并发表了提高动力厂中蒸汽循环利用功率的论文，对我国热力工程学的创建发挥了重要的推动作用。

③ 田昭武院士是中国现代电化学的奠基人之一，他在电化学领域创造了无数原

创性的重大成果。田昭武院士提倡并践行源头创新和学科交叉，勇闯我国电化学领域空白区。他成功研制并投产了我国第一台电化学综合测试仪等国产电化学仪器，结束了我国不能制造电化学综合性仪器的历史。

④ 黄子卿是中国物理化学的奠基人之一，他在物理化学领域有着卓越的贡献。黄子卿精确测定了热力学温标的基准点——水的三相点，并在溶液理论方面颇有建树。1934 年，黄子卿在美国麻省理工学院重新测定了水的三相点，他采用当时能达到的精确测温手段，并对体系采取严格的隔热防辐射措施，由此得到水的三相点为(0.00980±0.00005)℃。这一结果被国际认可，并成为 1948 年国际实用温标选择基准点——水的三相点的参照数据之一。

（2）师生互动

提问：物理化学在生活中或科学研究中有哪些应用？请举例说明。

① 热力学应用：在工业生产，如热电厂生产中，通过提高水蒸气的温度使用过热蒸汽推动汽轮机，从而提高效率、降低成本。这是基于热力学中卡诺循环的原理，即提高高温热源的温度可以提高热机的效率。利用能量守恒定律，例如空调的工作原理，通过制冷剂在不同压力和温度下的相变化，实现热量的转移，达到制冷或制热的效果。

② 化学平衡：在实际生活中，化学平衡的概念被广泛应用于各种场景，例如交警使用的酒精测试仪。酒精仪中的重铬酸钾在遇到呼出气体中的乙醇蒸气时，会发生化学反应，从橙红色变为绿色，从而检测出司机是否饮酒后驾车。

③ 电化学：物理化学中的电化学理论为电池的设计与优化提供了重要指导。通过电化学反应动力学研究，可以了解反应速率与电极材料、电解质溶液的性质之间的关系，以及了解如何提高电池的能量密度和功率密度。可以利用电导率测定水中溶解性矿物质浓度的变化和估计水中离子化合物的量。

④ 反应动力学：汽车尾气中的有害气体（如 CO、NO_x）需要通过催化转化器转化为无害物质（如 CO_2、N_2）。催化转化器中的化学反应速率受温度和催化剂的影响，动力学研究帮助优化催化剂设计和反应条件，提高转化效率。

1.3.4.4 情感态度与价值观引导阶段

我国物理化学的发展历程，大体可以分成两个阶段：第一个阶段是二十世纪三四十年代，我国物理化学界的先辈依靠极其薄弱的科研条件，在化学热力学、电化学、胶体和表面化学等方面有所成就；第二个阶段是物理化学高校普及阶段，物理化学的普及使我国物理化学领域的发展逐步追上世界先进水平。

我国物理化学家留下来的精神财富非常值得我们学习和弘扬，将其融入教学中，一方面可以激励学生领会和传承前辈们艰苦卓绝与爱国爱民等精神内涵；另一方面，可以使学生了解当今物理化学取得的巨大成就，为祖国感到骄傲，增强民族自信心。

价值培养渗透在知识点的学习中。通过介绍中国科学家在物理化学领域的贡献，培养学生的家国情怀，激励学生日后利用所学知识为民造福、为国家发展做贡献。透过这些思政元素，传递科学精神、家国情怀与文化自信，对学生起到潜移默化的教导作用，引导学生建立正确的人生观、世界观和价值观。

1.3.4.5　总结与反馈阶段

（1）教学效果

“物理化学概念”作为“物理化学”绪论的核心内容，帮助学生全面把握学科的研究内容、研究方法及发展历程。通过“概念—研究内容—研究方法—应用”的知识线，学生系统掌握了物理化学的基本框架，明确了学科的科学价值和应用前景，解决了“为什么学、学什么、如何用”的关键问题。采用“知识线、能力线、价值线”三线并行的教学策略，学生不仅掌握了理论知识，更提升了科学思维和解决问题的能力。课程通过学科发展史、科学家案例（如中国科学家在物理化学领域的贡献）和实际应用（如绿色化工、新能源技术），潜移默化地培养学生的家国情怀（如结合“双碳”战略探讨物理化学的社会责任）、科学精神（如通过反应动力学理解科研创新的严谨性）、职业使命感（如联系半导体材料、电池研发等国家需求，激励学生科技报国）。

（2）反思

优化思政元素融入方式，深化“隐性思想政治教育”理念的改革，真正做到“潜移默化，润物无声”。结合物理化学发展史，如中国科学家在热力学、电化学等领域的贡献（如黄子卿的溶液理论），以案例形式自然渗透爱国主义和科学精神，增强学生的民族自豪感和科研使命感。通过小组研讨、文献调研等形式，鼓励学生自主挖掘科学家的奋斗故事（如张存浩在分子反应动力学领域的成就），深化学生对科学家精神的理解。

1.4 课外思考题

① 除了本章中所提到的，在我们的日常生活中，物理化学还有哪些应用？

② 物理化学与数学、物理、化学有怎样的联系？

1.5 教学评价

本课采用案例教学、小组讨论、师生互动等教学方法，通过案例引发学生对物理化学的思考，激发其学习兴趣，深入探究物理化学在日常生活及科学研究中的应用，培养学生理论联系实际、学以致用的知识技能。以中国科学家在物理化学发展中的贡献为案例，进一步升华情感、态度及价值引导，激发学生的家国情怀，达到较好的教学效果。然而在教学方法的多样性及教学思路连贯性上，还需要不断改进，以“学生导向、目标产出”为方向，不断优化教学过程。

1.6 参考案例与思政融合

1.6.1 参考案例 1：张存浩院士——国之需，我之责

通过 2013 年度国家最高科学技术奖获得者、中国物理化学家张存浩院士的事迹，激发学生的爱国情怀。张存浩院士是中国高能化学激光和分子反应动力学领域的奠基人之一。他长期从事催化、火箭推进剂、化学激光、分子反应动力学等领域的研究，并在这些领域做出了突出贡献。

张存浩院士在 20 世纪 50 年代末，面对紧张的国际形势，从催化科学研究转向火箭推进剂的研制，为我国国防尖端技术的发展做出了重要贡献。张存浩院士成功研制出我国第一台连续波超声速化学激光器，其整体性能指标达到了当时世界先进水平。张存浩院士开创了我国分子反应动力学的研究，并在国际上率先提出了近红外化学激光的设想。

张存浩院士以严肃、严格、严密的科学作风要求学生，强调科研工作必须一丝不苟；同时，他总是不遗余力地帮助和关怀青年人，将获得的荣誉归于学生、部下、合作者和技术人员。张存浩院士在培养青年人才方面倾注了大量心血，他积极创造和提供有利条件，促进了一批优秀的中青年骨干和学生的成长。

将张存浩院士的事迹引入分子动力学课程，激发学生兴趣。详细讲解分子动力学的理论知识，结合张存浩院士的科研成果进行阐释。组织学生讨论张存浩院士的科研精神和国家需求对科研方向的影响。总结张存浩院士的科研精神和分子动力学

知识，强调个人发展与国家需求的结合。

1.6.2　参考案例 2：徐光宪院士——从稀土大国到稀土强国的科技报国之路

徐光宪院士是我国稀土分离科学的奠基人，面对 20 世纪 70 年代中国稀土资源“富矿贫用”的困境，他毅然投身稀土分离技术研究，创立“串级萃取理论”，打破国际技术垄断，使我国稀土纯度与回收率跃居世界首位。在他的推动下，中国从出口廉价稀土原料转向掌握高附加值产品链，最终成为全球稀土产业的主导者。

徐光宪院士的科研历程彰显了科学家“国家需求就是研究方向”的使命担当。通过这一案例，引导学生感悟三点：一是科技创新要立足于国家战略需求（家国情怀）；二是攻坚克难需发扬“坐冷板凳”的韧劲（科学精神）；三是资源主权与核心技术必须牢牢掌握在自己手中（制度自信）。激励学生将个人理想融入民族复兴伟业，在关键领域实现“从 0 到 1”的突破。

1.6.3　参考案例 3：金展鹏院士——金氏相图测定法

金展鹏把传统的材料科学与现代信息科学相结合，首创了在一个试样上测量三元相图的整个等温截面的方法，即“三元扩散偶——电子探针微区成分法”，数量级地提高了构建相图的效率。也正因如此，金展鹏在瑞典科学研究界留下了“以 1 胜 52”的美谈。此方法后来被瑞典皇家学院、美国洛斯阿拉莫斯国家实验室等广泛采用，被称为“金氏相图测定法”，国际同行因此称他为“中国金”。

通过讲述金展鹏院士的生平和科研成就，激发学生的爱国情怀和科学探索精神。通过案例学习，引导学生树立正确的人生观和价值观，培养学生的社会责任感和使命感。深入讲解“金氏相图测定法”的科学原理和应用，让学生理解其在物理化学领域的重要性。组织学生围绕金展鹏院士的科研精神进行讨论，如何将这种精神应用到自己的学习和生活中。

参考文献

[1] 高强，汪芳明，陈立庄. 物理化学课程思政的思考与探索[J]. 化工管理，2024(30)：21-24.

[2] 张红平，唐鹏飞，李劲超，等. 新工科背景下高校物理化学实验教学改革探讨[J]. 长春师范大学学报，2024，43(10)：145-148.

[3] 庄慧. 双一流建设背景下物理化学实验课程思政探索[J]. 中国教育技术装备，2024(18)：146-148.

[4] 赵洪波，王广慧，王德新. 新工科背景下物理化学课程思政教学的创新研究[J]. 食品工业，2024，

45(08)：200-203.

[5] 张瑶瑶，李博解，朱磊，等. 产学研背景下的物理化学六步法课程思政建设[J]. 湖北工程学院学报，2024，44(03)：22-26.

[6] 赵学艳，肖瑞杰，曹桂荣. 新工科背景下物理化学课程思政探索与实践[J]. 中国教育技术装备，2024(08)：103-107.

[7] 王青梅，安燕，周乾. 工科物理化学课程思政的融合与实践[J]. 广东化工，2024，51(04)：186-188.

[8] 卢青. “物理化学”课程思政元素的挖掘及推进策略研究[J]. 通化师范学院学报，2024，45(02)：134-139.

[9] 赵红梅，陆自强，李崧，等. 课程思政引领下的物理化学教学探索与实践[J]. 大学化学，2024，39(03)：210-217.

[10] 王晓晖，玉红. 基于课程思政的“物理化学”课程建设[J]. 内蒙古民族大学学报（自然科学版），2023，38(06)：555-558.

[11] Feng L，Li S，Li Y，et al. Super-hydrophobic surfaces：From natural to artificial[J]. Advanced Materials，2002，14(24)：1857-1860.

[12] 李代刚，周科际. 轮椅上的科学之星——记“金氏相图测定法”的创立者金展鹏教授[J]. 湘潮，2004(05)：43-46.

[13] 杨学明. 数次改行，一生为国:张存浩先生科技报国的多面人生[J]. 科学，2024，76(06)：1-5，69.

第2章

科学启航，思政武装，点亮梦想

——在“热力学第一定律”教学中融入课程思政的实践探索

专　　业：化学/化学工程与工艺

授课对象：化学专业/化学工程与工艺专业本科二年级学生

2.1 章节简介

热力学是从宏观角度研究系统热运动和其他形式能量转化规律的学科，是物理化学的重要组成部分。研究热力学，必须明确研究对象和适用条件，所以在教学过程中，要注重热力学基本概念的讲授。

热力学基本概念是热力学的基础，包括系统与环境、系统的性质、热力学平衡态、状态函数和状态方程、过程与途径、功与热等。通过本节内容的学习，帮助学生深刻理解基本概念，为后续知识的学习打下坚实的基础。

2.2 章节蕴含的思政元素分析

2.2.1　培养辩证思维能力

热力学基本概念看似琐碎、简单，其背后却蕴含着丰富的唯物主义哲学思想。敞开和封闭（孤立），状态函数的异途同归、值变相等，无序的热和有序的功，能量只能转化不能创造和消灭等。这些告诉学生只有用科学知识武装自己，用辩证的观点看问题才能更好地认识世界，才不会被各种假象或诱惑蒙蔽，从而更好地发展自己。

2.2.2 培养爱国主义精神

能量不能无中生有，也不能被消灭，只能从一种形式转化为另一种形式。在能源需求日益增加的今天，在保持生态平衡的大前提下，开发绿色新能源是各国努力的方向。通过介绍白鹤滩水电站，强调中国在解决能源危机问题上采取的行动，为实现“碳达峰”和“碳中和”目标所做的重要贡献，培养学生的爱国主义精神，增强学生的民族自豪感和中国特色社会主义的“四个自信”。

2.2.3 培养正确的价值观、人生观和世界观

网络时代，学生接触新鲜事物很快、很多，追求享乐、“摆烂躺平”等不良思想正在考验着青年一代。在教学过程中，根据教学内容，深挖思政元素，重点关注学生思想和心理，及时纠正学生的一些错误观念，提升学生的思想境界和发展定位，帮助学生树立正确的“三观”，养成良好的生活和学习习惯，引导学生思考人生，明确责任和使命。

2.2.4 教学中的思政结合点

参见表 2-1。

表 2-1　教学中的思政结合点

专业知识点	思政元素	方法
系统分类	开放则兴，封闭则衰	提问法、讲授法、案例教学法。以提问开始，让大家思考敞开、封闭和隔离的定义，进而引出知识点，再通过图片，将思政元素进行渗透、融合
状态函数	a. 条条大路通罗马； b. 提高学生分析问题和解决问题的能力； c. 树立正确的人生观、价值观和世界观	讲授法、类比法和案例教学法。借助百度地图和一题多解，从生活实例出发，帮助学生理解状态函数的特点，进而引导学生思考人生的意义，帮助学生树立正确的人生观、价值观和世界观

续表

专业知识点	思政元素	方法
热力学平衡态	a. 皮亚杰：认知的发展过程是“平衡—不平衡—新的平衡”； b. 失衡是悲惨命运的开始； c. 维护自然生态，坚持绿色可持续发展	案例教学法、微电影启示法。从认知学习到人性问题，再到环境生态，引导学生构建平衡观和绿色可持续发展观
过程与途径	a. 抓住主要矛盾； b. 不积跬步无以至千里； c. 过程是对过去的总结，对未来的展望	讲授法、案例教学法。过程是物理化学的一个基本概念，只有抓住过程的特点，才能有的放矢、解题成功。过程无处不在，只有过程做好了，结果才会好。为了帮助学生理解过程的重要性，引用典故和名人名言，引导学生享受每一个追梦的过程，感受人生的意义
热和功	a. 停止内耗，在“有序”和“无序”中砥砺前行； b. 用“热”和“功”点亮生命	讲授法、案例教学法。功和热，两种能量的表现形式，亦可以看作生命的原动力。借此鼓励学生在有序和无序中找到平衡，用“热”情和“功”夫驱动自己，为实现理想而奋斗
热力学第一定律	a. 要用辩证、发展的眼光看问题； b. 大国重器，绿色动脉； c. 自热食品：赋能强军，致敬最可爱的人	讲授法、案例教学法。百姓家中的美食、新时代军粮、大国重器的绿色大动脉都是能量守恒定律的应用。通过案例教学，培养学生的辩证思维能力，提高专业知识的应用能力
永动机	a. 饮水鸟：劳动人民的智慧； b. 天下没有免费的午餐； c. 理论对实践的指导意义	讲授法、案例教学法、微电影启示法。以科学小玩具引入，微电影启发，实际应用举例，让学生体会古代劳动人民的智慧，增加民族自豪感，并能够用科学知识武装自己，提高安全意识，防止上当受骗

2.3 教学设计

2.3.1 教学章节

傅献彩和侯文华编著的《物理化学》（第六版）上册第二章热力学第一定律第

2.3 节热力学的一些基本概念和第 2.4 节热力学第一定律。

2.3.2 教学目标

2.3.2.1 知识目标

① 理解系统和环境、系统的性质、热力学平衡态、状态方程、过程和途径等基本概念。

② 掌握状态函数的特点、功和热的定义和性质。

③ 掌握热力学第一定律的数学表达式和应用。

2.3.2.2 能力目标

① 掌握基本概念，筑牢基础知识，提高学生分析和解决问题的能力。

② 掌握热力学第一定律，会用热力学第一定律解决生产生活中的化学问题。

③ 学会用能量守恒定律对永动机不能制成的原因进行解释。

2.3.2.3 价值目标

① 通过几对对立统一的热力学基本概念，帮助学生学会思考，培养科学思维，学会用发展、辩证的眼光看问题。

② 体会能量守恒定律的普适性，激发学生的创新意识，启发技术应用的灵感，增强社会责任感。

③ 介绍科技前沿，帮助学生拓展知识储备，开阔科学视野，激发学生科学探究和建设科技强国的热情，增强学生民族自豪感和爱国主义情感。

2.3.3 教学内容分析

2.3.3.1 教学内容

（1）热力学的一些基本概念

（2）热力学第一定律

2.3.3.2 教学重点

① 热力学的一些基本概念：系统和环境、系统的性质、热力学平衡态、状态函数、状态方程、过程和途径、功和热。

② 热力学第一定律。

2.3.3.3 教学难点

① 状态函数和热力学平衡态的特点。

② 热力学第一定律。

2.3.4　教学过程

2.3.4.1　引入阶段

提问：为什么大家在夏天外出带水时喜欢使用玻璃杯等不保温的水杯，而在冬天外出时喜欢使用保温杯？

以生活常识导入，启发学生思考，引出热力学基本概念中系统及系统的分类，提高学生学习兴趣。

2.3.4.2　知识讲解阶段

（1）环境与系统

① 定义：系统——研究对象（也称体系）；环境——与系统有相互作用的外界。

② 系统的分类：按系统与环境的关系分类，可以将系统分为隔离（或孤立）系统、封闭系统和敞开系统。

【思政案例】开放则兴，封闭则衰。

从科学研究角度看，不论是敞开、封闭还是隔离，只要合适，都是有益的；但上升到社会层面，则可体现出不同的意义。从成语故事夜郎自大到清政府的闭关锁国，都告诫我们封闭、孤立对一个国家的发展是十分不利的。习近平总书记在亚太经合组织第三十次领导人非正式会议上的讲话指出："开放则兴，封闭则衰"。正是打破封闭，历经改革开放、"一带一路"，我国的经济发展取得了显著的成就，科技和军事实力取得了巨大的先发优势，人民生活水平有了持续的提升。对于一个风华正茂的大学生，如果封闭自己，轻则会让自己失去很多获取各种学习资源和接触社会的机会，重则会引起各种严重的心理问题，害人害己。如果孤立他人，则会助长校园霸凌，危害他人的心理、身体和生命。因此，我们要以开放的眼光和心态看问题，谦卑好学，取长补短，滋养自己的身心灵。

（2）状态和状态函数

① 状态：系统处在热力学平衡态时的物理性质和化学性质的综合表现。

② 状态函数：用于描述系统热力学状态的宏观参量，如 p、V、T、U、H、G、A、S 等。

③ 状态函数的分类：

a. 广度性质（容量性质）：数值的大小与物质的量有关，具有加和性，如 V、

H、U、S、G 等。

$$V = V_1 + V_2 + \cdots$$

b. 强度性质：数值的大小与物质的量无关，不具有加和性，如 p、T、ρ 等。

说明：广度性质是数学上的 1 次齐函数，而强度性质是 0 次齐函数，一般而言，n 次齐函数求导后可得到 $n-1$ 次齐函数。

注意：两个广度性质的状态函数相除，可得到强度性质的状态函数。

④ 状态函数的特点：

a. 状态一定，其状态函数具有单一确定值。

b. 状态函数的变化量只取决于初末状态，与变化的途径无关。

⑤状态函数是数学上的全微分，单值、连续、可微。

⑥状态函数之间的关系：

a. 单组分均相封闭系统：单组分，即只有一种物质；均相，即系统各部分性质完全相同。一般而言，指定两个强度性质，其他强度性质就确定了；若再知道系统总量，广度性质也确定了；若只考虑状态函数的变化值，则可以用两个独立变量描述。

$$U = f(T,V)$$

$$\mathrm{d}U = \left(\frac{\partial U}{\partial T}\right)_V \mathrm{d}T + \left(\frac{\partial U}{\partial V}\right)_T \mathrm{d}V$$

b. 多组分均相封闭系统：

$$G = f(T, p, n_1, n_2, \cdots)$$

$$\mathrm{d}G = \left(\frac{\partial G}{\partial T}\right)_{p,n_B} \mathrm{d}T + \left(\frac{\partial G}{\partial p}\right)_{T,n_B} \mathrm{d}p + \sum \left(\frac{\partial G}{\partial n_B}\right)_{T,p,n_C} \mathrm{d}n_B$$

【思政案例 1】条条大路通罗马

状态函数的特点之一是变化量只取决于初末状态，与变化的途径无关，学生理解起来比较困难。在教学过程中采取类比的方法进行讲授。首先，选取自驾旅行，从昆明出发到上海，搜索百度地图会给出自驾的三种方案。推荐行程用时 1 天 1 小时，全程 2329.0 公里，途经杭瑞高速、沪昆高速。第二种推荐方案和第三种推荐方案用时一样，都是 1 天 2 小时，但路程不一样，分别为 2342.9 公里和 2335.0 公里，除了沪昆高速，一个途经玉盘高速，一个途经杭长高速。从三种方案可以看出，同样是从昆明到上海，不同的途径，路程不一样，用时不一样，可以类比成过程量。再来看海拔，上海的平均海拔为 2.19 米，昆明市中心的平均海拔为 1891 米，昆明和上海的海拔差为 1891 米－2.19 米＝1888.81 米，不论以哪种方案自驾行驶，只要是从昆明到上海，海拔差不变。这里的海拔，就可以类比成状态函数。通过海拔和路程类比教学，可以很直观地帮助学生理解状态函数的特点。

【思政案例 2】提高学生分析和解决问题的能力

类似地，进行习题训练时，大家会发现，一道计算题，答案只有一个，但解题的方法却不止一种。此时，标准答案就可以视为状态函数，而解题过程则和过程量相似。不同的学生，可能解题方法不同，但只要题目确定、计算准确，答案是唯一的。通过鼓励学生尝试使用不同的方法多角度解题，培养学生分析问题和解决问题的能力，提高学生知识的应用能力。

【思政案例 3】树立正确的人生观、价值观和世界观

借助抢夺小红旗的小游戏来巧妙融入思政。想要拔出高处的小红旗取得胜利，可以爬楼梯，自己搭梯子再冲锋，也可以借助绳索攀爬……，但小红旗离地面的距离是确定的。不论到达目的地的方式如何，高度是不变的，高度可以看成是状态函数。借此比拟理想与现实：一个人的理想和现实的差距是一定的，只要目标明确、努力拼搏，就算过程曲折，仍旧可以到达理想的终点。进一步可以上升到启发学生对生命的意义和人生的思考。死亡是每一个生命体的最终归宿，但我们可以选择不同的生活方式，是重于泰山？是平平淡淡？还是轻于鸿毛？引发学生深度思考，帮助学生树立正确的世界观和人生观。

（3）热力学平衡态

① 定义：在没有外界影响的条件下，物体各部分的性质长时间内不发生任何变化的状态。

② 四个特点：热平衡、力学平衡、相平衡和化学平衡。

【思政案例 1】皮亚杰：认知的发展过程是“平衡—不平衡—新的平衡”

化学平衡是动态平衡。相类似，皮亚杰认为认知发展是平衡不断构建的过程，教学活动亦是不断打破学生已有认知平衡的状态，使其向新的平衡状态发展的过程。比如，在热力学学习过程中，大家先接触的是理想气体简单物理过程的 Q、W、ΔU 和 ΔH 的计算，掌握了计算方法，达到了一个认知平衡。突然遇到一道题目，考查的是计算理想气体简单物理过程的 ΔS 和 ΔG，产生了认知冲突，平衡被打破，大家就需通过学习 ΔS 和 ΔG 的计算，建立起新的认知平衡。接着，要求形成理想液态混合物的两种物质等物质的量混合过程的 ΔS 和 ΔG，这将再一次打破大家已有的认知平衡，通过新知识的学习，再建立新的平衡……这也告诉大家，在认知过程中，“平衡—不平衡—新的平衡”是正常的，是一个螺旋上升的过程，只要积极努力地不断打破旧知识体系的平衡，更新补充，注入新的知识，才能更好地提升自己的认知水平，不断地提升自己。

【思政案例 2】失衡是悲惨命运的开始

1990 年奥斯卡电影节最佳动画短片《平衡》，只有 7 分 40 秒，没有对话，仅仅简单的音效就可引发人们对“平衡”和“不平衡”这一对立统一的哲学命题的不断思考。一个人如果欲望过强，又不愿意付出行动，很容易因心理失去“平衡”而产生消极的思想和行为，给他人造成伤害，情节严重的更会走上犯罪道路，严重危害社会的安定与和谐。在成长过程中，大学生面临的诱惑和困难很多，作为教师，要关注学生的学习、生活和心理健康，帮助学生学会自我调节、保持内心平衡、规范自己的行为，成为身心健康的合格大学生。

【思政案例 3】维护自然生态，坚持绿色可持续发展

生态平衡是指自然生态系统中生物与环境之间、生物与生物之间相互作用而建立起来的动态平衡。破坏生态平衡的因素有水灾、旱灾、地震、台风、山崩、海啸等自然因素，而实际上，人为因素才是生态平衡失调的主要原因。工业化进程加快，给人们的生活提供了很多的便利，但也带来了各种问题。盲目开荒、滥砍滥伐森林、草原超载等使生物种类发生改变；废气、废水、废物不断排放到环境中，使生态平衡失调或破坏，产生近期或远期效应。生态平衡的破坏或失衡会造成严重的后果，甚至给人类带来毁灭性的打击。为此，世界各国都加入了保护环境、维持生态平衡、可持续发展的大阵营。作为化学化工人，应用自己的专业知识，治理环境，促进生态平衡。例如，开发有机农药、处理污染物……，都是我们专业能胜任的工作。所以，面临危机时不要慌乱，要以知识作为武器，刻苦钻研，为绿色可持续发展贡献自己的力量。

（4）过程和途径

① 过程：系统发生的一切变化。

按系统变化前后状态的差异可分为：简单物理过程，即无相变、混合和化学变化；复杂物理过程，即相变、混合等；化学过程，即有化学反应发生的过程。

按过程本身的特点可分为：等温过程，$T_1=T_2=T_{环}=$常数（$T_1\rightarrow T_2$ 过程中系统的温度不一定等于环境的温度 $T_{环}$）；等压过程，$p_1=p_2=p_e=$常数（$p_1\rightarrow p_2$ 过程中系统的压力不一定等于环境的压力 p_e）；等外压过程，$p_e=$常数；等容过程，$V=$常数；绝热过程，$Q=0$，系统变化的过程中，系统与环境无热量交换；循环过程，系统从同一状态出发，经过不同的途径（变化）回到始态的过程。

注意：分清系统的温度/压力和环境的温度/压力。

思考：等压过程和等外压过程的区别是什么？

② 途径：系统从同一始态到同一终态所经过的不同方式。

【思政案例 1】抓住主要矛盾

过程的划分对物理化学的学习十分重要，但常常一个题目中会出现多个条件，要想快速地解题，就必须能够从题目信息中找到最主要的条件，即抓住主要矛盾。例如，求解理想气体向真空膨胀过程的 Q、W、ΔU 和 ΔS。首先要分析理想气体向真空膨胀的特点：一是外压为 0，可以看成是一个等外压过程；二是等温，过程的温度不变，可以将该过程看成是一个等温过程；三是过程不吸热，可视为绝热过程。一个向真空膨胀的过程，却可以看成三个过程，会让学生很困惑。要解决问题，就要根据要求的物理量来抓住与该物理量紧密相连的条件。求 Q，将过程看成是绝热过程，则 $Q=0$；求 W，用到基本公式 $\delta W=-p_e\mathrm{d}V$，可将该过程看作是一个外压为 0 的等外压过程，就能够快速得出 $W=0$。ΔU 可以用等温过程公式 $\mathrm{d}U=nC_{V,\mathrm{m}}\mathrm{d}T$ 求解，也可以用热力学第一定律来求解。而 ΔS 的计算只能抓住等温这一特点，将该过程设计成等温可逆过程进行求解。解题如此，人生也是如此，小到每天发生在我们身上的事情，大到择业、工作、婚姻……，每一个过程都存在矛盾，这就需要我们知道轻重缓急，抓重点，合理安排。

【思政案例 2】不积跬步，无以至千里

习近平总书记不止一次用典“不积跬步，无以至千里”。“千里”，伟大的征程，需要一步一步地积累才可以实现。奥运赛场上运动健儿矫健的身姿、走向领奖台的激动时刻，都是努力拼搏、挥汗如雨、艰苦训练过程的结晶。读书也是一样，想要期末考出好成绩，就要注重知识点的积累，背诵默写一个个单词，反复精听外语文章，进行一篇又一篇的写作训练，推导一个又一个公式，攻破一道又一道难题，掌握一个又一个的知识点……，只有过程充实了，才会有考场上的自信和底气，才能实现逢考必过。祖国从弱到强的过程，更是各行各业共同努力奋斗的结果，第一颗原子弹的爆炸成功、第一颗人造卫星的发射、“天宫一号”的升空、“蛟龙一号”的深潜、003 号航母的成功首航……只有把过程做好了，结果自然不会差。还等什么？撸起袖子加油干！

【思政案例 3】过程是对过去的总结，对未来的展望

“过程是对过去的总结，对未来的展望。”这句话告诉我们过程的重要性，它承载着过去、现在和未来，它不仅帮助我们理解过去，也为我们指明了未来的方向。过程是一个不断学习和成长的历程。在这个过程中，我们需要保持开放的心态，接受新的挑战和机会，同时也要有决心和毅力去实现自己的目标。只有这样，我们才能真正地从过去吸取经验，展望未来，实现我们的梦想。

（5）热和功

① 热（Q）：由于温度不同而在系统与环境之间传递的能量。系统吸热，$Q>0$；系统放热，$Q<0$。

② 功（W）：除热以外，在系统与环境之间所传递的能量，$W=W_e+W_f$。系统对环境做功，$W<0$；环境对系统做功，$W>0$。

③ 热力学物理量分为状态函数和过程量，Q 和 W 是过程量。

例如，从 A 状态出发到达 B 状态，经过两个不同的过程，即过程 1 和过程 2，见图 2-1，则有如下结论：

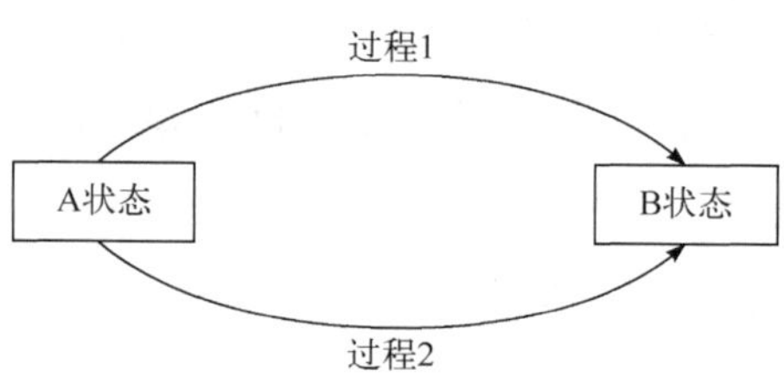

图 2-1　不同过程示意图

a. 过程 1 和过程 2 的过程量一般不同：$Q_1 \neq Q_2$，$W_1 \neq W_2$。

b. 过程 1 和过程 2 的状态函数（Y）的变化值相同：$\Delta Y_1=\Delta Y_2$。

④ 从微观角度来说，功是大量质点有序运动传递的能量，热是大量质点以无序运动方式传递的能量。

【思政案例 1】停止内耗，在“有序”和“无序”中砥砺前行

微观世界分子运动的有序与无序性，造就了能量的不同传递方式——热和功，热功当量，又让二者统一起来。对于每一个个体，也是无序和有序的矛盾统一体。

一方面，每个人内心深处都希望简单、快乐地生活，虽无法“躺平”，但也希望过得舒服一些，处于一个无序的状态是最好的。另一方面，大家又向往规律的生活，早起、晨练晨读、按时吃饭、学习、锻炼……，长期地坚持，生活有序地前行，不负韶华，收获必然满满。辩证法告诉我们，矛盾的双方是对立的、斗争的。当心里的“有序”和“无序”开始斗争时，如果偏向“无序”的一方，我们会变得焦虑、不安、愧疚，觉得不应该如此荒废光阴；如果偏向“有序”的一方，又会纠结：如此忙碌，如果没有收获，岂不是很不划算？斗争一旦开始，就会引起很大的内耗，严重损伤自己的身体和心灵。这个时候一定要告诉自己，除了对立统一，矛盾的双方是可以相互转化的，要学会调节，合理地规划。在有序前进的过程中，累了、困了，不妨适当地放松一下，调整自己，继续有序奋进。

【思政案例 2】用“热”和“功”点亮生命

在人生的道路上，我们不断地付出努力，克服困难，追求目标。这些努力就如同物理学中的“功”，是推动我们前进的原动力。功的大小，不在于我们做了多少事，而在于为这些事情付出了多少心血和汗水。通过不懈的努力，我们才能实现自我价值，成就一番事业。而“热”好比热情，如同火焰，能够点燃内心的渴望，让我们在追求梦想的路上充满动力。热情可以让我们在困难面前不屈不挠，让我们在挫折面前坚持不懈。一个人只有对自己所从事的事业充满热爱，才能持之以恒地付出努力，最终取得成功。正如一位热爱科学的研究者，只有对未知领域充满好奇和热情，才能够不断探索、发现新知，最终取得科学上的成就。热也需要在功的支撑下得以持续。没有成就感的支持，热情很容易在困难面前消磨殆尽。当我们在某个领域取得了一定的成就，这种成就感会激发我们更深入地投入，进而产生更强烈的热情。这种良性循环，使得我们在追求成“功”的道路上，“热”情永不熄灭。

（6）能量守恒定律

自然界的一切物质都具有能量，能量有各种不同的形式，能够从一种形式转化为另一种形式，在转化中能量的总值不变。即“在隔离体系中，能量的形式可以转化，但能量的总值不变”。

【思政案例 1】要用辩证、发展的眼光看问题

热力学的奠基人之一——德国物理学家迈耶尔（Julius Robert von Mayer），是最早提出能量守恒（能量既不能创造，也不能被消灭）的科学家。但他的科研成果因为太过前沿而没有受到科学界的重视，还招来了一些非议和攻击。大家思考一下，如果你做了对的事情，却被人误解，你会如何？生气？沮丧？自卑？还是大吵一架争个高低？而一个伟大的科学家，只因发现了尚未被人们认识的定律，就被攻击，如果他就此停滞，消极懈怠，就不会为人类创造更有价值的财富了。这也告诫我们，当遭遇不公平对待时，不要气馁，不要失去前进的动力，要调整心态，重新出发，不断进取，及时复盘，向新的目标前进。同时，也警醒我们，对待新的事物，不要用老的经验来批判它、否定它，尤其是在自己不懂的前提下，更不能一棒子打死，而要采取一个包容的态度，尝试去认识和了解，将结果交给实践和时间，进而增长我们的智慧，开阔我们的眼界。

【思政案例 2】大国重器，绿色动脉

能量不可以无中生有，只能从一种形式转化为另一种形式，引发了全球对能源危机的深度思考，使得能源安全成为关系国家经济社会发展的全局性、战略性问题。习近平总书记创造性地提出“四个革命、一个合作”的能源安全新战略，为我国能源高质量发展指明了前进的方向。为确保国家能源安全，大力发展可再生能源成为核心支撑。我国水电规模巨大，是建设新型电力系统的基石。十大水电站，六座位于云南，尤其是 2022 年建成的白鹤滩水电站，更是大国重器的典范。16 台自主研制、全球单机容量最大功率达百万千瓦的水轮发电机组，总装机容量 1600 万千瓦，每年平均发电量约 624.43 亿千瓦时，可替代标准煤约 1968 万吨，减排二氧化碳约 5160 万吨。每一个数字都在向世界宣告中国制造的实力，更向世界证明中国为实现“碳达峰、碳中和”目标采取的行动。作为大学生，生活在繁荣富强的中国，见证了祖国科技军事的蓬勃发展，更能感受到祖国强大才是人民安居乐业的保障，除了自豪，更应该奋发图强，为祖国面临的挑战尽一份自己的力量。

【思政案例 3】自热食品：赋能强军，致敬最可爱的人

自嗨锅，不用火，不用电，就可以烹调出一锅美食，是科技点缀生活的体现，蕴含着能量转化的真理，即化学能转变为热能。对大家来说，不开心，去吃火锅；开心，也去吃火锅。真就诠释了那句：世界上没有什么事儿是一顿火锅不能解决的。如果有，那就两顿。现在更是方便，不想出门，在宿舍也可以组个火锅局。同学们，还记得电影《长津湖》中志愿军战士吃冻得很僵硬的土豆的镜头吗？还记得吃一口炒面就一口雪的场景吗？居安思危，大家一定要铭记幸福生活来之不易，总有一群最可爱的人为我们的岁月静好负重前行。同样，各行各业的人有责任、有义务为我们最可爱的人服务。兵马未动，粮草先行。如今我们迎来了强国盛世，军粮得到了全面改善。新型单兵自热食品的发热包采用全新配方和最先进的技术，加热时间短，发热效果好，适应高原高寒等复杂环境。自嗨锅都行动起来了，你呢？借此设问，引导学生从专业角度出发，树立专业报国，科技强军强国的理想信念。

$$(7)\ \text{总能量}(E)\begin{cases}\text{系统整体的动能}(T)\\ \text{系统在外场中的位能}(V)\\ \text{热力学能}(U\text{，系统本身固有的内能})\end{cases}$$

① 热力学能（内能）。

a. 定义：热力学能是指系统内部能量的总和，包括分子运动的平动能，分子之间相互作用的势能，分子内的转动能、振动能、电子及核的能量。

b. U 是状态函数，是系统状态的单值函数，容量性质。

c. 绝对值不可测。

② 热力学第一定律。

a. 定律：自然界一切物质都有能量，能量有各种不同形式，能够从一种形式转化为另外一种形式，在转化过程中能量的总值不变。

b. 数学表达式：

$$\Delta U = Q + W \quad (\Delta U = U_2 - U_1)$$

$$\mathrm{d}U = \delta Q + \delta W$$

注意：Δ、d 和 δ 的区别。

③ 适用条件：封闭系统的一切过程。

④ 热力学第一定律的另一种说法：第一类永动机是不可能造成的。

教学活动：请学生观看饮水鸟玩具动图。

提问：饮水鸟是永动机吗？

引发学生思考，再揭秘饮水鸟的工作原理，让学生深刻理解能量守恒定律。

教学活动：播放微电影《天下无免费的“午餐”》。

【思政案例 1】提升民族自豪感

饮水鸟是一种古老的中国玩具，不停地喝水，仿佛不停歇的永动机。它的设计巧妙，让爱因斯坦也感到吃惊。以饮水鸟不知疲倦的行为，激发学生的学习兴趣，启发学生思考小玩具背后的科学原理，培养学生的科学思维能力和分析问题的能力。同时，帮助学生了解古代劳动人民的智慧，体会中华传统文化的博大精深，提升民族自豪感，弘扬以爱国主义为核心的民族精神。

【思政案例 2】踏实努力，提高警惕，防止上当受骗

热力学第一定律告诉我们能量不能无中生有，只能相互转化。生活也一样，物质财富和精神财富都是奋斗和积累起来的，而不是凭空产生的。习总书记说过要加强社会舆论引导，形成劳动创造财富、实干创造业绩、奋斗创造幸福的正确导向，防止轻视劳动、不劳而获、一夜暴富、坐享其成、消极躺平等不良思想滋长蔓延，充分激发全社会创造活力。对学生而言，要想期末不挂科，考出好成绩，平时就要做好预习、认真听课、认真完成课后作业、及时复习、掌握各类知识点；想向党组织靠拢，就要遵纪守法、热爱祖国、热爱人民、严于律己、乐于奉献等；要想继续深造考研或考编考岗，更要付出不懈的努力……如果不想付出，就想得到很多好处，就会像微电影里面的同学一样，上当受骗，有的甚至付出生命的代价。作为新时代的大学生，大家面临的机会很多，诱惑也很多，在面临诱惑时，大家要保持头脑冷静，不要被小恩小惠所捆绑，掉进隐藏的陷阱中。近期，缅北电诈事件给社会带来了极大的冲击，身处云南的同学们想必感触更深。那些诈骗分子的行径嚣张至极，时刻威胁着人们的财产安全与生活安宁。这警示我们，不劳而获的幻想往往是通往陷阱的捷径。只有脚踏实地、辛勤付出，一步一个脚印地朝着目标奋进，才可能收获成功的果实。无论是学习还是未来的事业，唯有凭借自身努力，不断积累知识、提升能力，才能实现理想，为自己和他人创造更美好的生活。

【思政案例 3】理论对实践的指导意义

在永动机的探索之路上，人们付出了诸多心血，最终却发现它违背了热力学定律。这段历程虽充满遗憾，却也凸显出理论对实践的重要指导意义。它让我们深刻明白，理论如同航标，指引实践的方向。正因有热力学理论的支撑，我们才能明确永动机是无法实现的设想，从而及时止损，避免在这注定无果的方向上持续投入。在化工领域，依据热力学和动力学理论，企业能够精准调控反应条件，优化生产流程，提升产品质量，降低能耗，提高生产效率。在建筑行业，基于力学理论，工程师能设计出结构稳固、抗震性能良好的建筑，保障人民的生命财产安全。理论为实践筑牢根基，让我们在前行的道路上更具底气，少走弯路，高效地将精力投入到切实可行的发展路径中。因此，在今后的学习工作中，大家更要理论和实践两手抓，用理论指导实践，用实践检验理论，不断进步。

2.4
课外思考题

① 查阅资料，思考有序的功和无序的热背后隐藏的科学方法和哲学思想，为后续学习做准备。

② 请查阅“水氢发动机”相关的社会热点问题，结合能量守恒定律，思考水氢发动机的意义、应用前景与面临的挑战。

③ 保护环境，维护生态平衡，人人有责。请从专业角度出发，谈谈你对这项工作的认识。

2.5
教学评价

热力学基本概念和热力学第一定律是蕴含思政元素最丰富的章节，也是学生接触热力学的第一大模块。这部分教学内容整体难度不大，学生易于理解，课时安排较为充裕，为开展思政教育提供了绝佳契机。在教学过程中，以专业知识为依托，以学生为中心，教师作为引导媒介，巧妙地将爱国主义、理想信念、社会主义核心价值观以及辩证唯物主义等思政元素融入课堂教学。通过这种方式，助力学生树立起专业报国、科技强国的远大理想信念，引导学生学会运用辩证思维剖析问题，激励他们勤奋学习、持续积累知识，从而实现个人理想，更好地服务社会、报效祖国。课后，学生们的表现令人欣喜，除了讨论专业课程问题，更多同学还热衷于探讨学习方法、社会热点以及职业规划等关乎个人成长与社会发展的话题，这充分表明学生切实领悟到了专业课程思政教育的意义。从学生的课后反馈来看，教学效果显著，达成了预期的教学目标。

参考文献

[1] 傅献彩，侯文华. 物理化学：上册[M]. 6 版. 北京：高等教育出版社，2022.

[2] 李晓湘，袁华. “无机化学”课程教学全程化实施思政教育的探讨[J]. 当代教育理论与实践，2023，15(03)：14-19.

[3] 丁同梅，张卫，马荔，等. “无机与分析化学实验”课程中的“学以致用”[J]. 大学化学，2023，38(05)：42-48.

[4] 郑帅至，杨琼，堵艳艳，等. 科研思政元素渗透于物理化学课程的探索. 广东化工，2023，50(12)：231-232.

[5] 刘玉洁. 以大国重器之姿筑白鹤滩上的“世界之最”[J]. 企业文明，2024(04)：23-25.

[6] 赵坤，冯聪聪. 金沙江畔绿电奔腾[N]. 中国电力报，2023-11-16(001).

第 3 章

焦耳：教（jiāo）尔，亦教（jiào）尔

——在“热力学第一定律对气体的应用”教学中融入课程思政的实践探索

专　　业：化学/化学工程与工艺

授课对象：化学专业/化学工程与工艺专业本科二年级学生

3.1 章节简介

热力学第一定律，即能量守恒和转换定律，在气体领域的应用尤为显著。热力学第一定律在理想气体中的应用主要涉及热力学能的变化与热量交换及做功的关系，是物理化学的重点和常见考点之一。伟大的科学家焦耳设计并考察了气体向真空膨胀过程中热、功和热力学能的变化，解决了理想气体的热力学能和焓与温度、压力及体积的关系。为了将实验做得更精确，焦耳对实验方法进行了改进，探讨了实际气体的节流膨胀过程，得出该过程是一个等焓过程，提出了 Joule-Thomson 效应，为获取低温提供了理论指导。焦耳的一生是了不起的一生，不仅建立了丰富的热力学知识体系，教给学生物理化学基础学科知识，更言传身教地教育学生在学习和生活中要细致谨慎，不怕困难，不断进取。

3.2 章节蕴含的思政元素分析

3.2.1 培养科学思维和探索精神

在讲解热力学第一定律对气体的应用时，可以介绍科学家们在研究过程中所展现出的严谨的科学思维和不断探索的精神。例如，焦耳通过大量的实验和精确的测量，为热力学第一定律的建立奠定了基础，鼓励学生在学习和生活中保持好奇心，勇于探索未知领域。

3.2.2 提升工程应用和创新意识

强调 Joule-Thomson 效应在工程领域的广泛应用，如制冷技术、气体液化等，引导学生思考如何通过对这一效应的深入理解和创新应用，来解决实际工程中的问题，培养学生的创新意识和工程思维。比如，可以通过文献或资讯推送的方式，向学生介绍基于 Joule-Thomson 效应的现代制冷技术如何实现更高的效率和更环保的设计等。

3.2.3 强化爱国主义教育

介绍我国在无液氦稀释制冷领域取得的成就，以及我国科学家为推动该技术发展所做出的贡献，激发学生的民族自豪感和爱国情怀，鼓励学生努力学习，勇于创新，为祖国的科技进步贡献自己的力量。

3.2.4 教学中的思政结合点

参见表 3-1。

表 3-1 教学中的思政结合点

专业知识点	思政元素	方法
Gay-Lussac-Joule 实验和 Joule-Thomson 节流实验	科学家事迹	案例教学法。介绍焦耳、盖-吕萨克和威廉·汤姆森三位伟大科学家在探索未知过程中展现出的严谨的治学态度、勇于创新的精神、坚持不懈的毅力和追求真理的执着，激励学生在学习和未来的工作中向科学家学习，培养不畏艰难、勇于探索的品质

续表

专业知识点	思政元素	方法
理想气体和实际气体的热力学能和焓	科学思维	案例教学法。通过学习理想气体和实际气体的热力学能和焓，让学生体会抽象思维和具体分析能力在科学研究中的重要性，进而培养学生的科学思维
Joule-Thomson 效应	工程应用与创新意识	案例教学法。通过学习 Joule-Thomson 效应在生产、生活中的应用，培养学生理论联系实际的能力、创新能力和理论知识的应用能力
习题精讲	分析问题和解决问题的能力	提问式教学和对比法教学。热力学第一定律在理想气体中的应用是物理化学的重要考点之一。在介绍焦耳实验和得出的结论后，对经典习题进行对比讲授，不仅可以帮助学生深刻理解教学内容，更有助于学生夯实基础，提高分析问题和解决问题的能力
课外拓展	爱国主义和社会责任	文献阅读法、小组讨论法和案例教学法。介绍我国科学家为打破垄断，在无液氦稀释制冷技术方面取得的重大进展，激发学生的爱国热情，帮助学生树立科技报国的远大理想

3.3 教学设计

3.3.1 教学章节

傅献彩和侯文华编著的《物理化学》（第六版）上册中，第二章热力学第一定律的第 2.8 节热力学第一定律对理想气体的应用中的“理想气体的热力学能和焓——Gay-Lussac-Joule 实验”和第 2.10 节 Joule-Thomson 效应——实际气体的 ΔU 和 ΔH。

3.3.2 教学目标

3.3.2.1 知识目标

① 通过学习 Gay-Lussac-Joule 实验，理解理想气体的热力学能和焓只是温度的函数。

② 熟练掌握热力学第一定律在理想气体中的应用，理解相关的物理概念和公式，能够熟练运用相关公式计算理想气体各种变化过程的 Q、W、ΔU 和 ΔH。

③ 理解节流实验的原理，能够清晰地表述 Joule-Thomson 效应的定义和内涵。

④ 掌握 Joule-Thomson 效应在实际工程和科学研究中的应用，能够根据给定的

条件计算特定气体的Joule-Thomson系数。

3.3.2.2 能力目标

① 学会运用热力学理论推导理想气体和实际气体的相关公式。

② 对比分析两个Joule实验，培养学生的科学思维能力、分析问题和解决问题的能力。

③ 引导学生将热力学相关知识关联到Joule-Thomson效应的实际现象中，强化对理论知识的理解与迁移能力。

3.3.2.3 价值目标

① 在解决热力学问题时，要求学生认真分析条件，避免因粗心导致的错误，进而培养学生严谨的科学态度和实事求是的精神。

② 引入科技前沿知识，激发学生对热力学领域的兴趣，培养探索精神。

③ 通过教学案例，让学生体会科学理论与实际应用的紧密联系，增强学以致用的意识。

3.3.3 教学内容分析

3.3.3.1 教学内容

（1）理想气体的热力学能和焓——Gay-Lussac-Joule实验

（2）Joule-Thomson效应

（3）实际气体的 ΔU 和 ΔH

3.3.3.2 教学重点

① 从Gay-Lussac-Joule实验结论结合状态函数的特点，推导理想气体的热力学能和焓只是温度的函数。

② Joule-Thomson节流实验及Joule-Thomson效应的应用。

③ 根据热力学第一定律，对实际气体的 ΔU 和 ΔH 进行计算。

3.3.3.3 教学难点

① Joule-Thomson效应的原理，实际气体热力学能和焓的计算及变化分析。

② 如何将思政元素自然融入教学内容，实现知识传授与价值引领的有机结合。

3.3.4 教学过程

3.3.4.1 引入阶段

复习热力学第一定律和体积功的计算公式，让学生巩固理想气体向真空膨胀过

程的 Q、W、ΔU 和 ΔH 的计算，思考是否可以设计实验测定该过程理想气体热力学能的变化。

3.3.4.2　知识讲解阶段

（1）Gay-Lussac-Joule 实验

请学生参考图 3-1，阅读课本 88 页 Gay-Lussac 和 Joule 实验的内容，并思考以下问题：

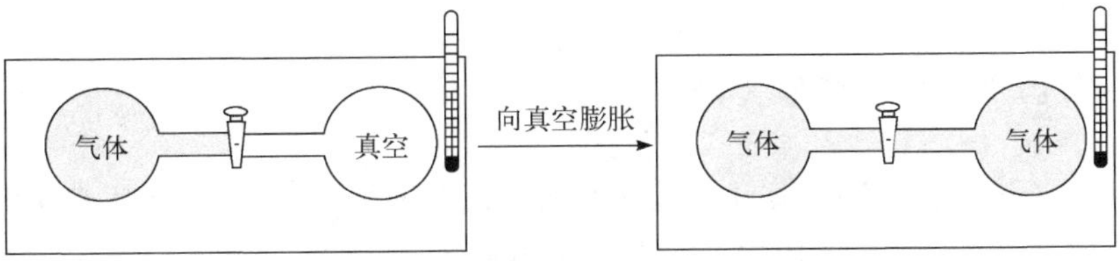

图 3-1　Joule 实验装置示意图

① 实验所用的气体是否为理想气体？

② 气体向真空膨胀过程可以看成什么过程？绝热？等温？可逆？还是不可逆？

解析：气体和水浴温度均未变，$Q=0$；系统没有对外做功，$W=0$；根据热力学第一定律，该过程的 $\Delta U=0$。

结论：理想气体在自由膨胀中温度不变，热力学能不变。

【思政案例 1】坚持真理，不惧权威

焦耳在研究热功当量的过程中，他的观点和实验结果遭到了当时一些权威科学家的质疑和反对。然而，焦耳并未因此放弃，而是坚信自己的实验和理论都是正确的，并不断进行更精确的实验来验证。借此启发学生在学术研究中不盲目跟从主流观点，要有自己的判断，在面对困难和权威的压力时，要坚守真理，有独立思考和敢于挑战传统观念的勇气。

【思政案例 2】勤奋努力，持之以恒

焦耳为了得到精确的实验结果，进行了长时间、大量且艰苦的实验。他的成功并非偶然，而是源于他坚持不懈的努力和对科学的执着追求。通过案例教导学生在学习和生活中，要有勤奋刻苦的品质，无论遇到多少挫折，都要秉承着持之以恒的精神。例如，在准备重要考试或进行复杂项目时，只有坚持到底，不半途而废，才能实现目标。

【思政案例 3】实践出真知

焦耳通过实际的实验操作和观察，得出了具有重要意义的科学结论，借此强调实践对于获取知识和验证理论的重要性，进而教育学生在学习和生活中，要脚踏实地，不空谈理论，勇于动手尝试。这种理念有助于培养学生务实的态度、坚毅的品质，激励他们在追求真理的道路上，以实践为基石，不断探索，成长为有担当、肯实干的人才。

【思政案例 4】勇于创新，突破传统

盖-吕萨克在研究气体性质时，敢于突破当时的传统观念，提出了新的理论和观点。例如，他发现了气体体积随温度变化的规律——盖-吕萨克定律。大家也是一样，遇到难题时，可以尝试用不同的方法去解题，也许能找到更简便有效的途径，进而启发学生在学习和研究中要有创新意识，敢于质疑旧的理论和方法，勇于提出新的见解和观点。

【思政案例 5】严谨治学，追求精确

盖-吕萨克为了验证自己的定律，进行了一系列严谨、精确的实验。他对实验条件的控制、数据的测量和分析都极其认真，以确保实验结果的准确性和可靠性。在教学过程中，可以通过介绍盖-吕萨克实验的细节教导学生在学术研究和日常学习中培养严谨的治学态度，对待知识和问题一丝不苟，注重细节，追求精确。比如，在做化学实验时，严格按照操作步骤进行，认真记录和分析实验数据。

【思政案例 6】实事求是，诚信至上

盖-吕萨克在巴黎工艺学院工作期间，他的导师贝托雷和化学家普鲁斯特因定比定律展开了一场激烈的学术争论。为了证明自己的观点，贝托雷让盖-吕萨克通过实验事实给予对方驳斥。然而，盖-吕萨克经过反复的实验，记录到的事实都证明导师的观点是错误的，他毫不犹豫地将这个结果如实地汇报给老师。从盖-吕萨克的行为可以看出，实事求是、诚信至上不仅是一个人重要的品德，更是科学研究的根基，借此鼓励学生在学习和工作中注重原始数据的记录，不篡改数据，更不编造数据，坚守诚信原则，杜绝弄虚作假。

（2）理想气体的热力学能和焓

对于定量的纯物质（单组分均相封闭系统），热力学能可以用 p、V 和 T 中的任意两个独立变量来确定，设以 T 和 V 作独立变量，$U=U(T,V)$，则：

$$\mathrm{d}U=\left(\frac{\partial U}{\partial T}\right)_V \mathrm{d}T+\left(\frac{\partial U}{\partial V}\right)_T \mathrm{d}V$$

将焦耳实验得出的 $\mathrm{d}U=0$ 和 $\mathrm{d}T=0$ 代入上式，可得：

$$\left(\frac{\partial U}{\partial V}\right)_T \mathrm{d}V=0$$

实验过程中，体积变为原来的 2 倍，可以说明 $\mathrm{d}V\neq 0$，上式成立，则 $\left(\frac{\partial U}{\partial V}\right)_T=0$，即在等温条件下，改变体积，理想气体热力学能不变。

当热力学能 U 以 T 和 p 作独立变量时，$U=U(T,p)$，可以得出 $\left(\frac{\partial U}{\partial p}\right)_T=0$。这就证明了理想气体的热力学能仅是温度的函数，$U=U(T)$，与体积和压力无关。

由于 $H=U+pV$，可以证明：$\left(\frac{\partial H}{\partial V}\right)_T=0$，$\left(\frac{\partial H}{\partial p}\right)_T=0$，说明理想气体的焓也仅是温度的函数，$H=H(T)$，与体积和压力无关。

结论：理想气体的热力学能（U）和焓（H）是状态函数，且只是温度的函数。

思考：$\mathrm{d}U=C_V\mathrm{d}T$ 和 $\mathrm{d}H=C_p\mathrm{d}T$ 的适用条件是什么？

【思政案例】科学思维

在焦耳实验中，使用的气体是实际气体，但经过科学的模型简化和数据外推，是可以接受的。在教学过程中，从实验到数学推导，再得出结论，让学生认识到在已知的科学数据、规律和现象的基础上，透过现象抓住本质，排除次要的、非本质的因素，提取主要的、本质的因素，通过合理的推理和预测，将其应用到尚未直接观测或研究的领域具有十分重要的意义。这种科学的思维方式是科学研究和实践应用中不可或缺的工具，有助于我们更高效地获取知识、解决问题、推动创新，为人类的进步和发展做出重要贡献。

（3）Joule-Thomson 节流实验

① 节流实验装置如图 3-2 所示。

开始，环境对多孔塞左侧的一定量气体进行压缩，为等外压压缩过程，所做功为：

$$W_1=-p_1\Delta V=-p_1(0-V_1)=p_1V_1$$

气体通过多孔塞膨胀，对环境做功为：$W_2=-p_2\Delta V=-p_2(V_2-0)=-p_2V_2$。

系统的总功 W 是压缩（W_1）和膨胀（W_2）过程功的代数和，即：

$$W=p_1V_1-p_2V_2$$

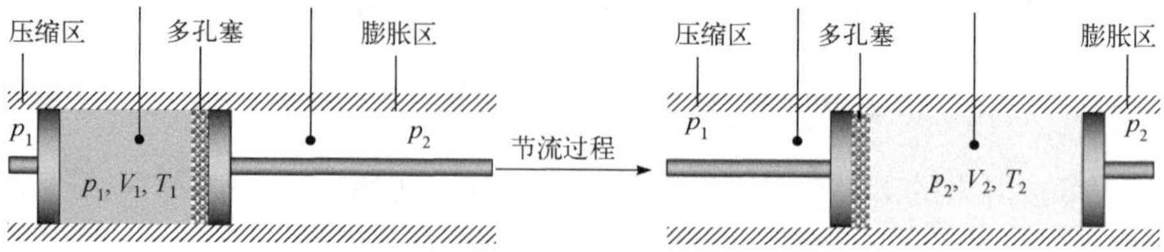

图 3-2　Joule-Thomson 实验装置

节流过程是在绝热筒中进行的，$Q=0$，所以：

$$U_2 - U_1 = \Delta U = W = p_1V_1 - p_2V_2$$

$$U_2 - U_1 = p_1V_1 - p_2V_2$$

$$U_2 + p_2V_2 = p_1V_1 + U_1$$

即

$$H_1 = H_2 \quad 或 \quad \Delta H = 0$$

节流过程是一个等焓过程。节流过程的特点：$Q=0$；$p_1 > p_2$；$\Delta H = 0$。

【思政案例 1】跨学科研究与综合创新

汤姆森在物理学多个领域都有重要贡献，他善于将不同学科的知识和方法融合在一起，进行跨学科的研究。这可以启发学生在今后的学术和职业发展中，要具备跨学科的视野和能力，打破学科界限，促进知识的融合与创新。例如，在解决复杂的应用问题时，需要结合物理学、数学和计算机科学等多学科的知识。

【思政案例 2】谦虚谨慎，不断进取

尽管汤姆森取得了巨大的成就，但他始终保持着谦虚的态度，不断反思和改进自己的理论。通过汤姆森的事迹，教导学生在学习和成长过程中，要保持谦虚的心态，认识到自己的不足，不断学习和进步。比如，在取得优异成绩之际，切不可沾沾自喜，而是要冷静剖析成功的因素，持续奋进，力求更上一层楼。

【思政案例 3】关注社会需求，推动科技应用

汤姆森的研究成果意义非凡，不仅在理论层面有着深远影响，在实际工程与社会发展领域也发挥着重要作用，像电报通信和航海导航技术的进步就离不开他的贡献。这启示我们，应鼓励学生将自身专业知识与社会需求紧密相连，积极投身于解决社会实际问题之中。例如，对于热爱理论计算的学生，不妨鼓励他们专注于开发高效的量化计算软件，使其能广泛应用于有机合成、药物筛选和材料设计等学科，以专业能力更好地服务社会，实现个人价值与社会价值的统一。

② Joule-Thomson 系数的定义：

$$\mu_{\text{J-T}}=\left(\frac{\partial T}{\partial p}\right)_H$$

$\mu_{\text{J-T}}$ 称为 Joule-Thomson 系数，它表示经节流过程后，气体温度随压力的变化率。$\mu_{\text{J-T}}$ 是系统的强度性质。因为节流过程的 $p_1>p_2$，所以：

若 $\mu_{\text{J-T}}>0$，经节流膨胀后，气体温度降低。

若 $\mu_{\text{J-T}}=0$，经节流膨胀后，气体温度不变。

若 $\mu_{\text{J-T}}<0$，经节流膨胀后，气体温度升高。

应用：气体液化，制冷机。

【思政案例 4】工程应用与创新意识

对 Joule-Thomson 效应的深入研究，在理论层面极大地丰富了热力学知识体系，更在实际应用领域发挥着不可替代的关键作用。基于对这一效应的深入理解与应用，制冷技术迎来重大革新。如今，炎炎夏日的清凉得以保障，食物也可实现长时间保鲜。同时，气体压缩技术显著提升，大幅度降低了成本，为工业生产带来了更高的效率。这一现象有力地启示学生科学研究绝非仅为满足个人的好奇心与求知欲，更重要的是服务社会、解决实际问题。作为未来的科研工作者和社会建设者，同学们应具备高度的社会责任感，将所学知识与技能充分运用到造福人类的事业中，为社会的发展贡献自己的力量。

（4）实际气体的 ΔU 和 ΔH

与理想气体不同，实际气体的热力学能不仅是温度的函数，而且与压力或体积有关。由气体分子运动论知，等温条件下，体积增大，分子间距增大，必须克服分子间的引力而做功，进而引起热力学能的变化。对于一定量的气体（单组分均相封闭系统），设 $U=U(T,V)$，则：

$$\mathrm{d}U=\left(\frac{\partial U}{\partial T}\right)_V\mathrm{d}T+\left(\frac{\partial U}{\partial V}\right)_T\mathrm{d}V$$

$$\mathrm{d}U=C_V\mathrm{d}T+\left(\frac{\partial U}{\partial V}\right)_T\mathrm{d}V$$

$$\Delta U=\int_{T_1}^{T_2}C_V\mathrm{d}T+\int_{V_1}^{V_2}\left(\frac{\partial U}{\partial V}\right)_T\mathrm{d}V$$

对于 van der Waals 气体，有：

$$\left(p+\frac{a}{V_{\mathrm{m}}^2}\right)(V_{\mathrm{m}}-b)=RT$$

式中，$\frac{a}{V_{\mathrm{m}}^2}$是实测压力 p 的矫正项，由分子间的相互引力引起，所以：

$$p_{内}=\frac{a}{V_{\mathrm{m}}^2}$$

即 $\left(\frac{\partial U}{\partial V}\right)_T=\frac{a}{V_{\mathrm{m}}^2}$（第三章可以证明）

所以，van der Waals 气体的 $\Delta U=\int_{T_1}^{T_2}C_V\mathrm{d}T+\int_{V_1}^{V_2}\frac{a}{V_{\mathrm{m}}^2}\mathrm{d}V$。

同理，$\mathrm{d}H=C_p\mathrm{d}T+\left(\frac{\partial H}{\partial p}\right)_T\mathrm{d}p$ 。

【思政案例】科学思维

对比理想气体和实际气体，可以看出科学研究中需要有抽象思维和具体分析的能力。理想气体的假设是一种高度抽象的思维方式，可帮助我们理解气体的基本规律；而对实际气体的研究则需要具体分析各种实际因素的影响。在学习和生活中，也需要培养这种能力。同学们既要有远大的理想和抱负，如同对理想气体的构想。同时，也要能够脚踏实地，具体分析和解决现实中遇到的问题，就像对待实际气体一样。例如，对于今后的职业规划，大家可能有一个理想的职业目标，但在实现过程中，需要具体分析自己的能力、市场需求、行业发展等实际因素，制定切实可行的计划，并不断调整和完善。

3.3.4.3 习题精讲

指出下列过程的 Q、W、ΔU 和 ΔH 哪些为零？哪些绝对值相等？

（1）理想气体真空膨胀；

（2）理想气体等温可逆膨胀；

（3）理想气体节流膨胀。

解：（1）理想气体真空膨胀过程

结合 Gay-Lussac-Joule 实验，分析理想气体向真空膨胀过程，可以得出该过程的特点为：①真空：外压 $p_{\mathrm{e}}=0$，$W=0$。②等温：$\mathrm{d}T=0$。③绝热：$Q=0$。

由于理想气体的热力学能和焓仅是温度的函数，温度不变，则热力学能和焓不变，可以得出：$\Delta U=0$，$\Delta H=0$。

所以，理想气体向真空膨胀过程的 $Q=W=\Delta U=\Delta H=0$。

（2）理想气体等温可逆膨胀过程

理想气体等温，则 $\Delta U=0$，$\Delta H=0$。

根据热力学第一定律 $\Delta U=Q+W$，可以得出 $W=-Q$，即 $|W|=|Q|$。

（3）理想气体节流膨胀过程

节流膨胀的特点：$Q=0$；$p_1>p_2$；$\Delta H=0$。

$\Delta H=0$，根据理想气体的热力学能和焓仅是温度的函数，说明该过程为等温过程，$\Delta U=0$。

$$\left.\begin{array}{l}Q=0\\ \Delta U=0\\ \Delta U=Q+W\end{array}\right\}\Rightarrow W=-Q\text{，所以，}Q=W=\Delta U=\Delta H=0\text{。}$$

【思政案例】分析问题和解决问题的能力

题目中理想气体向真空膨胀过程、等温可逆过程和节流膨胀过程的共同特点是等温，但得出等温的方法不一样。向真空膨胀过程可以依据焦耳实验现象，直接得出该过程为等温过程；理想气体等温过程则是已知条件的结果；而理想气体节流过程是通过该过程的特点 $\Delta H=0$，倒推出等温的。根据理想气体的热力学能和焓仅是温度的函数，可以得出三个过程的 $\Delta U=\Delta H=0$。再结合热力学第一定律，可以得出 $|W|=|Q|$，但热和功是过程量，过程不同则数值不同。通过对比分析、精讲习题的方式，培养学生分析问题和解决问题的能力，帮助学生学会举一反三、触类旁通，提高思辨能力和知识的应用能力。

3.3.4.4　课外拓展

指导学生阅读课前预习时布置的文献：《科学研究不可或缺的助力——低温制冷技术》和《我自主研发无液氦稀释制冷机向绝对零度迈进》。开展 Joule-Thomson 效应在获取低温领域的知识拓展，重点介绍我国科学家的贡献。

【思政案例】爱国主义和社会责任

2024 年 6 月 11 日，从安徽省量子计算工程研究中心获悉，由本源量子计算科技（合肥）股份有限公司自主研发的本源 SL1000 稀释制冷机在合肥成功下线，这标志着我国在稀释制冷领域已达国际先进水平。在勇攀高峰的征程中，我国科研人员展现出了强烈的爱国情怀和使命担当。面对困难和挑战时，他们毫不退缩，日夜奋战，凭借着坚韧不拔的毅力和勇于创新的精神，攻克了一个又一个技术难题。这种爱国精神和责任担当，是新时代爱国主义的生动体现，借此激励学生学好专业知识，不断进取，勇于挑战，为实现中华民族伟大复兴的中国梦而努力奋斗。

3.4 课外思考题

① 在 Gay-Lussac-Joule 实验中，气体膨胀前后气体本身和水浴的温度均无变化，所以 $Q=0$。请思考热量 Q 与温度 T 之间的关系，回答系统从始态变化到终态，若 $\Delta T=0$，Q 是否为 0？

② 目前达到低温的手段主要有哪些？在生产、生活中的主要用途是什么？

③ 阅读文献“Xiang J S，Zhang C D，Gao Y，et al. Giant magnetocaloric effect in spin supersolid candidate $Na_2BaCo(PO_4)_2$. Nature，2024，625，270-275.”了解自旋超固相在受挫量子磁体中的强熵效应，思考其在亚开尔文制冷应用方面的价值。

3.5 教学评价

从本质上来讲，课程思政并不是改变课程的性质，而是用思政元素为其“润色”，使其贯穿于物理化学思政挖掘、实施和建设的各环节，是为了立德树人，充分发挥德育的功能和价值引领，全面贯彻落实三全育人。针对学生的特点、课堂表现和课后反馈，在后续教学过程中应注重以下几点：

① 夯实基础知识，确保学生能够将知识融会贯通，在思政教育过程中可以应用各章节知识点之间的有机联系，更有效地提升思政育人功能。

② 物理化学是以实验为基础的学科，在理论课教学过程中，借助实验设计课程思政案例，更能提高学生的综合素质。

③ 注重以启发式植入思政案例，引导学生根据自己的特点、能力，结合科学史和社会热点，辩证思考，真正将思政元素内化。

④ 理论来源于实践，进一步推动实践的发展。在教学过程中，介绍与学科相关的科技前沿，更能帮助学生系统、全面地理解学科的内涵，有助于教学效果的提升。

参考文献

[1] 傅献彩，侯文华. 物理化学：上册[M]. 6 版. 北京：高等教育出版社，2022.

[2] 蔡方齐. 科学研究不可或缺的助力——低温制冷技术[J]. 中学科技，2024(08)：8-13.

[3] 陆成宽. 我自主研发无液氦稀释制冷机向绝对零度迈进[N]. 科技日报，2021-07-13(001).

第4章

有的放矢，事半“功”倍

——在“体积功”教学中融入课程思政的实践探索

专　　业： 化学/化学工程与工艺/安全工程

授课对象： 化学专业/化学工程与工艺专业/安全工程专业本科二年级学生

4.1 章节简介

在热力学体系中，功是系统与环境之间除热（因温度差异在系统和环境间交换或传递的能量）之外，以其他形式传递的能量。功作为过程量，即便始末状态一致，只要路径不同，系统所做的功也会存在差异。体积功的基本公式很简单，但公式应用起来变化较多，导致学生容易混淆，出现张冠李戴、乱用错用的现象。为了有效帮助学生理解并掌握各变化过程中体积功的计算，切实提高学生运用所学知识分析和解决问题的能力，更为了践行社会主义核心价值观，助力构建“三全育人”大格局，在教学过程中采取了一系列科学有效的方法。通过对知识点进行分类介绍，将复杂的知识体系进行清晰梳理，帮助学生更好地理解各知识点之间的联系与区别。同时，运用图形和数据，将抽象的问题具体化，以更加直观的方式引导学生掌握解题技巧，从而提升学生的实践能力。此外，深入探讨了思政元素融入体积功计算教学的方法与意义。

在专业教学中融入思政教育，不仅能让学生在学习专业知识的过程中树立正确的价值观，培养严谨务实、追求真理的科学精神，还能让学生深刻认识到科学研究的严谨性，体会科学对社会发展的重要推动作用，激发学生的社会责任感与使命感，促使他们在学术道路上坚守初心，立志为社会发展贡献自己的力量。

4.2 章节蕴含的思政元素分析

4.2.1 传授唯物主义科学的方法论

体积功的计算公式简单，虽然过程多变，但本质不变。在教学过程中，抓住主要矛盾，以不变应万变，可以更好地帮助学生掌握知识点，并培养学生辩证思维和化繁为简、举一反三的能力。准静态过程和可逆过程涉及的平衡与不平衡、可逆与不可逆既是科学概念，又是哲学概念，体现了矛盾的对立统一。将其作为思政元素融入教学，可以拓展到心理和生命的范畴，引导学生结合自己的特点、专业、兴趣等合理地进行学业和职业规划，及时调整，不断成长，成为更好的自己。

4.2.2 培养科学的思维方法

不同过程的特点不同，解题思路也不同。在体积功的教学过程中，可以结合经典习题，具体问题具体分析，进而训练学生的逻辑思维能力和逆向思维能力，培养学生自主学习、归纳总结和解决问题的能力。

4.2.3 塑造正确的职业观

在个人与社会前行的征程中，职业道德举足轻重，其对学生的事业发展、价值观塑造的正向引导力不容小觑。身为实现军事科技强国梦的主力军，学生在课程学习时，应聚焦“细节”，理解“质量决定成败，精度铸造辉煌”，深知“失之毫厘，谬以千里”。从解题这件小事做起，学会科学近似，严谨合理，树立正确职业观，为逐梦奠基。

4.2.4 教学中的思政结合点

参见表 4-1。

表 4-1 教学中的思政结合点

专业知识点	思政元素	方法
体积功的计算	a. 抓住主要矛盾，以不变应万变； b. 具体问题，具体分析； c. 逆向思维，有的放矢	讲解法、提问法、类比法、讨论法和归纳总结法。分类讲授等容过程、等外压过程、可逆过程和相变过程体积功的计算，帮助学生学会抓住本质，总结归纳，以不变应万变

续表

专业知识点	思政元素	方法
准静态过程和可逆过程	a. 自主学习能力的培养； b. 辩证唯物主义观； c. 科学抽象	提问法、归纳总结法。提前布置自学作业，请同学借助慕课等线上教学平台，学习准静态过程和可逆过程，归纳总结两个过程的特点
习题精讲和课外拓展	a. 数据无言，胜于雄辩； b. 知其然，更要知其所以然； c. 培养严谨的科学态度，树立正确的职业观	讲解法、提问法、讨论法和启发法。习题解答是检验学习效果的主要方法之一。以学生为中心，借助习题精析精讲，让学生深刻领悟科学近似的重要性，进一步理解通过分析推导得出结论的科学研究方法

4.3 教学设计

4.3.1 教学章节

傅献彩、沈文霞、姚天扬和侯文华编著的《物理化学》（第五版）上册中，第二章热力学第一定律的第 2.5 节准静态过程与可逆过程的内容和第 2.8 节热力学第一定律对理想气体的应用中“绝热过程的功和过程方程式”。

4.3.2 教学目标

4.3.2.1 知识目标

① 掌握体积功的计算。

② 理解并掌握可逆过程的定义，掌握常见的可逆过程。

③ 了解可逆过程与准静态过程的区别与联系。

4.3.2.2 能力目标

① 通过学习不同过程体积功的计算，提高学生分析问题和解决问题的能力。

② 借助习题精讲，培养学生科学思维能力。

③ 合理利用课外拓展和线上学习模块，培养学生查阅文献和自主学习的能力。

4.3.2.3 价值目标

① 应用辩证唯物主义观点，分析问题和解决问题。

② 通过近似计算，培养学生严谨的科学态度，帮助学生养成良好的职业道德。

③ 结合名人名言，鼓励学生不怕出错，善于总结，养成良好的学习习惯。

4.3.3 教学内容分析

4.3.3.1 教学内容

（1）功与过程

（2）准静态过程

（3）可逆过程

4.3.3.2 教学重点

① 等外压过程、可逆过程和相变过程体积功的计算。

② 准静态过程和可逆过程的特点。

4.3.3.3 教学难点

① 可逆过程的特点。

② 可逆过程和相变过程体积功的计算。

③ 体积功的近似计算。

4.3.4 教学过程

4.3.4.1 引入阶段

以提问的方式复习热和功的概念、符号及性质，重点强调热和功的微观特性，即有序和无序。同时提醒学生注意：不同的教材中所使用的功的符号可能不一样，比如朱文涛老师编撰的《基础物理化学》上册中，环境对系统做功 $W<0$，系统对环境做功 $W>0$。

4.3.4.2 知识讲解阶段

体积功是由系统体积变化而造成的系统和环境的能量交换，可以分为膨胀功和压缩功。当系统的压力 p 大于外界（环境）压力 p_e 时，系统体积膨胀，对外做功，功为负值，$W<0$；当 $p<p_e$ 时，环境对系统做功，系统体积变小，被压缩，功为正值，$W>0$。

设在一定温度下，将定量的气体置于横截面积为 A 的活塞筒中（见图 4-1），活塞与筒壁的摩擦力可以忽略不计。筒内气体的压力为 p，外压为 p_e，当 $p>p_e$ 时，在筒内气体的推动下，活塞向上移动了 dl。从图中可以看出，外压对活塞的作用力与活塞移动的方向相反，或力与位移的夹角为 180°，即系统克服外力做功，功为负值（膨胀或压缩，功的计算都有负号，只不过膨胀算出来的功为负值）。

$$\delta W=-F_e \mathrm{d}l=-\left(\frac{F_e}{A}\right)(A\mathrm{d}l)=-p_e \mathrm{d}V$$

$$W=-\int_{V_1}^{V_2} p_e \mathrm{d}V\text{（适用于封闭系统的一切过程）}$$

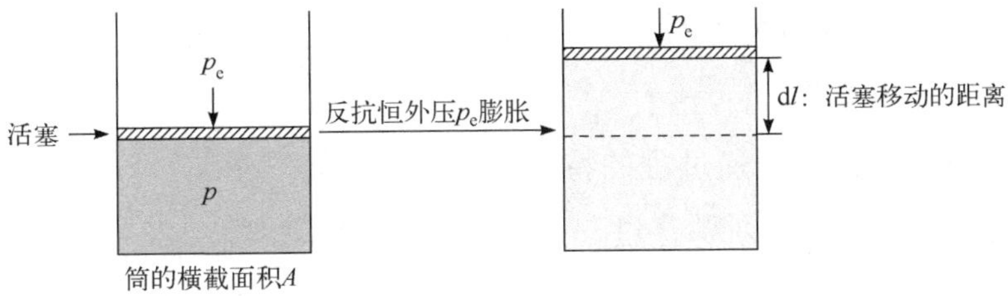

图 4-1　体积功示意图

下面以膨胀功为例，对体积功的计算进行教学设计。

（1）等容过程

特点：系统体积始终不变。

$$\delta W=-p_e \mathrm{d}V\text{ , }\mathrm{d}V=V_2-V_1=0\text{ , }W=0$$

$$\left.\begin{aligned}&W=-\int_{V_1}^{V_2} p_e \mathrm{d}V\\&V_1=V_2\end{aligned}\right\}\Rightarrow W=0$$

借助条件 $\mathrm{d}V=V_2-V_1$，可以简单复习状态函数的特点，加深学生对状态函数的理解。等容过程体积功的计算可以从类似微分式和积分式出发进行分析讨论。从类似微分的公式 $\delta W=-p_e \mathrm{d}V$ ，$\mathrm{d}V=0$，可以直接得出 $W=0$；而定积分式 $W=-\int_{V_1}^{V_2} p_e \mathrm{d}V$ 中，积分的上下限相等，则该定积分的值为 0。简单数学知识的使用，从心理角度出发，可以在一定程度上帮助学生缓解初学物理化学时的畏难情绪。

（2）等外压过程

特点：$p_e=$常数 。

$$W=-\int_{V_1}^{V_2} p_e \mathrm{d}V=-p_e\Delta V=-p_e(V_2-V_1)$$

提问：自由膨胀（向真空膨胀）过程的功为多少？

自由膨胀（真空膨胀）过程的特点：$p_e=0$，$W=0$。

提问：等压过程与等外压过程的区别是什么？

（3）外压 p_e 比内压 p 小一个无限小的膨胀

$$p-p_e=dp$$

$$\left.\begin{array}{l}W=-\int_{V_1}^{V_2}p_e dV=-\int_{V_1}^{V_2}(p-dp)dV=-\int_{V_1}^{V_2}p\,dV+\int_{V_1}^{V_2}dp\,dV\\ \text{忽略二阶无穷小量}\end{array}\right\}\Rightarrow W=-\int_{V_1}^{V_2}p\,dV$$

注意：在讲授时，重点强调系统的压力与外压相差无限小，此时可以用系统的压力来代替外压。

① 准静态过程和可逆过程：

教学活动：学生自学

提问：准静态过程和可逆过程的特点？

提问：复习题 2.3：下列哪些过程是可逆过程？（课本第 128 页）

【思政案例 1】自主学习能力的培养

准静态过程和可逆过程学生理解起来相对困难，需要反复琢磨，用自己的思维和认知去弄清楚。在这部分内容教学过程中，可以采取线上、线下混合式教学。提前布置自学作业，请同学借助慕课、学习通等线上教学平台，学习准静态过程和可逆过程，归纳总结两个过程的特点。借此培养学生文献资料的获取能力、自主学习能力和归纳总结能力。

【思政案例 2】辩证唯物主义观

准静态过程的“平衡”和“不平衡”是对立统一的。学生心理的“平衡”和“不平衡”是高校安全工作的重心，在学习专业知识的过程中，借助热力学的“平衡”与“不平衡”，引导学生思考心理不平衡会产生哪些消极的思想和行为，帮助学生学会调节，成为身心健康的合格大学生。另一对对立统一的矛盾是“可逆”和“不可逆”，则以启发的方式提问：生命只有一次，生命的过程是不可逆的，没有后悔药（可逆），你准备如何度过自己的一生？鼓励学生思考生命的意义，珍惜光阴，奋发向上，实现自己的理想，服务社会，报效祖国。

【思政案例 3】科学抽象

准静态过程和可逆过程是物理化学中一个重要的科学抽象，和理想气体模型一样不存在，但意义十分重大。在教学过程中引导学生理解合理的科学抽象，重点强调科学抽象是以实践为基础的，不是人为的幻想，只有建立在实践的基础上，科学抽象才能发挥重要的作用，从而帮助人们解决实际问题。

② 理想气体等温可逆过程：

$$\left.\begin{aligned}&W=-\int_{V_1}^{V_2}p_{\mathrm{e}}\mathrm{d}V\\&\text{条件：可逆 } p_{\mathrm{e}}=p\end{aligned}\right\}$$

$$\left.\begin{aligned}&\Rightarrow W=-\int_{V_1}^{V_2}p\,\mathrm{d}V\\&\text{条件：理想气体 } pV=nRT\Rightarrow p=\frac{nRT}{V}\end{aligned}\right\}$$

$$\left.\begin{aligned}&\Rightarrow W=-\int_{V_1}^{V_2}\frac{nRT}{V}\mathrm{d}V\\&\text{条件：等温 } nRT \text{ 为常数，可以提到积分号外面}\end{aligned}\right\}$$

$$\left.\begin{aligned}&\Rightarrow W=-nRT\int_{V_1}^{V_2}\frac{1}{V}\mathrm{d}V\Rightarrow W=-nRT\ln\frac{V_2}{V_1}\\&\text{条件：等温 } nRT \text{ 为常数}\Rightarrow p_1V_1=p_2V_2\end{aligned}\right\}\Rightarrow W=-nRT\ln\frac{V_2}{V_1}=-nRT\ln\frac{p_1}{p_2}$$

讲授时，采用逆向思维，使用板书先写出每一步的结论，用提问、启发的方式让学生思考并回答每一步结论所使用的条件，进而掌握物理化学最重要的知识点——公式的使用条件。

课间和学生交流时，发现学生解题出错的一个主要因素是：受高等数学的影响，学生习惯了积分固定的格式，积分变量是 x，被积函数是 x 的函数，如 $-\int_a^b x\,\mathrm{d}x$ 、$-\int_a^b nx^m\,\mathrm{d}x$ 等，看到变量为 p、V 和 T 等字符时，会将解题的难度放大，不知所措。为了帮助学生解决这一困惑，在讲授相关知识点之前，先将解题过程涉及的高数知识梳理一遍，鼓励学生克服畏惧心理，然后通过类比的方法进行计算。如在使用 $W=-\int_{V_1}^{V_2}\frac{nRT}{V}\mathrm{d}V\Rightarrow W=-nRT\ln\frac{V_2}{V_1}$ 公式之前，先和学生一起复习简单积分计算，$y=-\int_a^b\frac{k}{x}\mathrm{d}x\Rightarrow y=-k\ln\frac{b}{a}$（$k$ 为常数），强调应用的数学公式不难，只要把积分上下限 a 和 b 换成 V_1 和 V_2，将常数 k 换成 nRT 即可。反复练习后，学生就会习惯以物理量为变量的微分和积分的计算。

③ 理想气体绝热可逆过程 $pV^\gamma=K$（K 为常数，$\gamma=C_{p,\mathrm{m}}/C_{V,\mathrm{m}}$）：

方法一：

$$\left.\begin{aligned}&W=-\int_{V_1}^{V_2}p\,\mathrm{d}V=-\int_{V_1}^{V_2}\frac{K}{V^\gamma}\mathrm{d}V=-\frac{K}{1-\gamma}\left(\frac{1}{V_2^{\gamma-1}}-\frac{1}{V_1^{\gamma-1}}\right)\\&p_1V_1^\gamma=p_2V_2^\gamma=K\end{aligned}\right\}\Rightarrow W=\frac{p_2V_2-p_1V_1}{\gamma-1}$$

而多方可逆过程 pV^{δ} =常数$(1<\delta<\gamma)$功的计算和绝热可逆过程功的计算类似，只需要把公式中的 γ 用题目中所给的 δ 代替即可。对于理想气体绝热可逆过程，上式可以进一步变为：

$$W=\frac{nR(T_2-T_1)}{\gamma-1}=nC_{V,\mathrm{m}}(T_2-T_1)$$

方法二：

$$\left.\begin{array}{l}\left.\begin{array}{l}\Delta U=W+Q\\ \text{绝热：}Q=0\end{array}\right\}\\ \Rightarrow W=\Delta U\\ \text{理想气体：}\Delta U=nC_{V,\mathrm{m}}(T_2-T_1)\end{array}\right\}\Rightarrow W=nC_{V,\mathrm{m}}(T_2-T_1)$$

理想气体绝热可逆过程功的计算，除可以使用过程方程式进行积分计算（方法一）外，还可根据热力学第一定律进行计算（方法二）。

（4）相变过程

主要指有气体产生的相变过程（如液体的汽化和固体的升华）体积功的计算，也是热力学的常见考点之一。相变通常发生在等温等压条件下，可以看成是等外压过程的特例。下面以液体的汽化过程 l（液体）→g（气体）为例说明：

$$\left.\begin{array}{l}\left.\begin{array}{l}W=-\int_{V_1}^{V_g}p_e\mathrm{d}V=-p_e\int_{V_1}^{V_g}\mathrm{d}V=-p_e(V_g-V_1)\\ V_1\ll V_g\Rightarrow \text{液体的体积可以忽略}\end{array}\right\}\\ \Rightarrow W=p_eV_g\\ \text{理想气体：}pV=nRT\end{array}\right\}\Rightarrow W=-nRT$$

【思政案例 1】抓住主要矛盾，以不变应万变

对于功的计算，以不变应万变，就是要抓住公式的本质，即 p_e 和 $\mathrm{d}V$ 之间的关系 $\delta W=-p_e\mathrm{d}V$，特别是压力，用的是外压 p_e。

【思政案例 2】具体问题，具体分析

结合功是过程量，过程不同，功的值不同。在解题过程中，从基本公式 $W=-\int_{V_1}^{V_2}p_e\mathrm{d}V$ 或 $\delta W=-p_e\mathrm{d}V$ 出发，根据具体条件，分析问题，并解决问题。例如：等容过程，关键在 $\mathrm{d}V=0$；而等外压过程，p_e 为常数，积分时可以提到积分号的外面，等压过程和向真空膨胀可视为等外压过程的特殊情况；可逆过程，应注意此时内、外压近似相等，可以用系统的压力代替外压，做体积功，系统的压力会随体积的变化而变化。因此解题的关键在于找出 p 与 V 之间的关系式，用 V 代替 p 来进行积分简化。

【思政案例 3】逆向思维，有的放矢

在物理化学中，公式的适用条件是解题的关键，而采用逆向思维，先将公式应用过程的结果写出，让学生添加公式的使用条件，更能激发学生的学习兴趣，提高辩证思维能力、知识的应用能力和迁移能力。

4.3.4.3　习题精讲

习题训练是为了巩固学生所学的知识点，更是为了检验知识点的掌握情况。作业题的布置，本着“精”优于“多”的宗旨，帮助学生更好地掌握基本知识点。在这里，选择学生常困惑的两道题目进行分析。

【例 1】　已知在 373K 和 100kPa 压力下，1kg $H_2O(l)$ 的体积为 $1.043dm^3$，1kg $H_2O(g)$ 的体积为 $1677dm^3$，$H_2O(l)$ 的摩尔汽化热 $\Delta_{vap}H_m=40.69kJ/mol$。当 1mol $H_2O(l)$ 在 373K 和 100kPa 外压时完全蒸发成 $H_2O(g)$，试求：

（1）蒸发过程中系统对环境所做的功；

（2）假定液态水的体积可以忽略不计，试求蒸发过程中系统对环境所做的功，并计算所得结果的相对误差；

（3）假定把蒸汽看作理想气体，且略去液态水的体积，求系统所做的功。

解：（1）分析题目可以看出，该过程为等外压过程。

1mol $H_2O(l)$ 完全蒸发成 $H_2O(g)$ 时，系统所做的功为：

$$W=-p_e\Delta V=-p_e(V_g-V_l)$$
$$=-100\times10^3\times18.02\times10^{-3}\times(1677-1.043)\times10^{-3}=-3020.1(J)$$

（2）忽略液体水的体积，则过程的体积功为：

$$W=-p_e\Delta V=-p_e(V_g-V_l)=-p_eV_g$$
$$=-100\times10^3\times18.02\times10^{-3}\times1677\times10^{-3}=-3022.0(J)$$

误差：$\dfrac{-3022.0-(-3020.1)}{-3020.1}\times100\%=0.063\%$

（3）将蒸汽看作理想气体，且略去液态水的体积，系统所做的功为：

$$W=-p_e\Delta V=-p_e(V_g-V_l)=-p_eV_g=-nRT=-1\times8.3145\times373=-3101.3(J)$$

误差：$\dfrac{-3101.3-(-3020.1)}{-3020.1}\times100\%=-2.689\%$

该题是针对处理有气体参与的相变过程时，忽略凝聚态的体积，且把气体看成理想气体而选择的精讲习题。好多同学在进行近似计算时会产生疑惑，总会担心近似计算是否可行。通过计算对比可以发现，忽略液体的体积，计算产生的相对误差仅为 0.063%；忽略液体体积，并把气体看作理想气体处理时，计算产生的相对误差为 2.689%。两种近似的误差很小，说明使用近似计算是十分合理的。

【例 2】 在 298K 时，有一定量的单原子理想气体（$C_{V,\mathrm{m}}=1.5R$），从始态 2000kPa 及 20dm³ 经等温可逆膨胀、绝热可逆膨胀和以 $\delta=1.3$ 的多方可逆膨胀三种不同过程膨胀到终态压力为 100kPa，求三种可逆过程的 W，并在 p-V 图上画出三种膨胀功的示意图，比较三种功的大小。

解：根据题目，计算气体物质的量 n：

$$n=\frac{pV}{RT}=\frac{2000\times10^3\times20\times10^{-3}}{8.3145\times298}=16.144(\mathrm{mol})$$

（1）等温可逆膨胀过程

$$W_{\text{等温}}=-\int_{V_1}^{V_2}p\,\mathrm{d}V=-\int_{V_1}^{V_2}\frac{nRT}{V}\mathrm{d}V=-nRT\ln\frac{V_2}{V_1}=-nRT\ln\frac{p_1}{p_2}$$

$$=-16.144\times8.3145\times298\times\ln\frac{2000}{100}=-119.83(\mathrm{kJ})$$

（2）绝热可逆膨胀过程

对于单原子理想气体，$\gamma=\frac{C_{p,\mathrm{m}}}{C_{V,\mathrm{m}}}=\frac{5R/2}{3R/2}=\frac{5}{3}$。

根据理想气体绝热可逆过程方程 $pV^\gamma=K$（K 为常数），可以得出：

$$T_1^\gamma p_1^{1-\gamma}=T_2^\gamma p_2^{1-\gamma}$$

$$T_2=T_1\left(\frac{p_1}{p_2}\right)^{\frac{1-\gamma}{\gamma}}=298\times\left(\frac{2000}{100}\right)^{-\frac{2}{5}}=89.91(\mathrm{K})$$

$$W_{\text{绝热}}=-\int_{V_1}^{V_2}p\,\mathrm{d}V=-\int_{V_1}^{V_2}\frac{K}{V^\gamma}\mathrm{d}V=\frac{p_2V_2-p_1V_1}{\gamma-1}=\frac{nR(T_2-T_1)}{\gamma-1}$$

$$=\frac{16.144\times8.3145}{5/3-1}\times(89.91-298)=-41.90(\mathrm{kJ})$$

（3）以 $\delta=1.3$ 的多方可逆膨胀过程

根据过程方程 $pV^\delta=C$（C 为常数），可以得出：$T_1^\delta p_1^{1-\delta}=T_2^\delta p_2^{1-\delta}$。

$$T_2=T_1\left(\frac{p_1}{p_2}\right)^{\frac{1-\delta}{\delta}}=298\times\left(\frac{2000}{100}\right)^{\frac{1-1.3}{1.3}}=149.27(\mathrm{K})$$

$$W_{\text{多方}}=-\int_{V_1}^{V_2}p\,\mathrm{d}V=-\int_{V_1}^{V_2}\frac{C}{V^\delta}\mathrm{d}V=-\frac{C}{1-\delta}\left(\frac{1}{V_2^{\delta-1}}-\frac{1}{V_1^{\delta-1}}\right)=\frac{nR(T_2-T_1)}{\delta-1}$$

$$=\frac{16.144\times 8.3145}{1.3-1}\times(149.27-298)=-66.55(\text{kJ})$$

通过计算，可以直接比较三种可逆过程的功，因为体系对外做功，所以 3 种过程功的大小为：$|W_{等温}|>|W_{多方}|>|W_{绝热}|$。但题目要求在 p-V 图上画出 3 种膨胀功的示意图，这就要求至少要计算出始、末态的压力和体积，画出压力随体积变化的曲线，比较其与初态 V_1 和不同末态的 V_2 围成的面积，即做功绝对值的大小。

该题是针对物理化学考察的 3 种重要可逆过程功的计算而精选的习题，是学生解答比较困难的习题之一。关键在于不理解为什么都是理想气体，会出现不同的过程方程，在考试过程中常会出现张冠李戴的现象。在对题目详细分析讲解之后，计算了 3 个可逆过程在不同压力下对应的体积（表 4-2），然后使用软件绘制出了精确的 p-V 图，帮助学生形象、直观地对比 3 种过程功的大小（图 4-2）。

表 4-2　3 种可逆变化过程体系压力（p）和体积（V）的数值

p/kPa	V/m^3		
	等温可逆	绝热可逆	多方可逆
2000	0.0200	0.0200	0.0200
1900	0.0211	0.0206	0.0208
1800	0.0222	0.0213	0.0217
1700	0.0235	0.0220	0.0227
1600	0.0250	0.0229	0.0237
1500	0.0267	0.0238	0.0250
1400	0.0286	0.0248	0.0263
1300	0.0308	0.0259	0.0279
1200	0.0333	0.0272	0.0296
1100	0.0364	0.0286	0.0317
1000	0.0400	0.0303	0.0341
900	0.0444	0.0323	0.0370
800	0.0500	0.0347	0.0405
700	0.0571	0.0375	0.0448
600	0.0667	0.0412	0.0505
500	0.0800	0.0459	0.0581
400	0.1000	0.0525	0.0690

续表

p/kPa	V/m^3		
	等温可逆	绝热可逆	多方可逆
300	0.1333	0.0624	0.0861
200	0.2000	0.0796	0.1176
100	0.4000	0.1207	0.2004

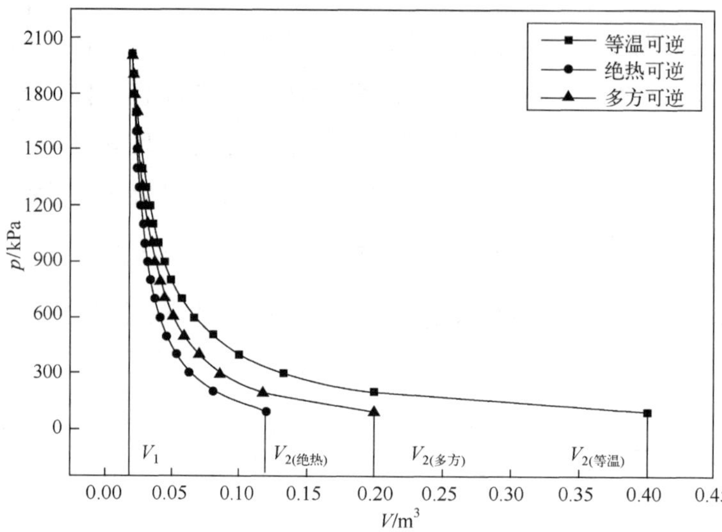

图 4-2　3 种可逆过程体积功示意图

【思政案例 1】数据无言，胜于雄辩

物理化学是以数学为基础的学科，不论是公式的使用，还是近似计算，都必须严谨。通过上面两个例子，用数据说话可以更清楚地让学生明白误差的大小、每一步数据的大小，从而消除学生的学习顾虑。

【思政案例 2】知其然，更要知其所以然

例 2 中涉及的等温可逆、绝热可逆和多方可逆过程，除了以计算题的方式进行考查，还常以选择题的方式考查。如从相同的初态出发，经等温可逆过程和绝热可逆过程到达压力（或体积）相同的终态，比较两个过程做功的大小或比较终态的体积（或压力）大小。这时，仅靠简单地背诵、记忆是不可行的，需要透过现象看本质，知其然，也要知其所以然，即选择正确的公式进行精确计算，真正吃透知识点。

【思政案例 3】培养严谨的科学态度，树立正确的职业观

许多学生毕业之后将会到与生产生活息息相关的化学化工医药领域工作，近似计算，哪怕仅仅是小数点后几位的错误，也会给健康、军工和生活带来不可挽回的损失。借此告诫大家，走上工作岗位，就要对自己的工作负责，特别是要对数据负责，保证数据的真实性，绝对不能修改数据，更不能编造数据。

4.3.4.4　总结与反馈阶段

2021～2022 学年，上学期物理化学的授课对象为昆明学院化学化工学院安全工程专业 2020 级安全工程 1 班的学生，全班共 35 人。在教学过程中，除了采用知识点小结和习题讲授外，还采用了课前提问的方式帮助学生更好地掌握和巩固相关知识点。体积功的课程教学结束两周后，在新课讲授前抽出 5 分钟的时间，将体积功的计算公式书写在黑板上，请同学补充公式的使用条件。先请一位男同学书写［图 4-3(a) 和图 4-3(c) 中编号为①的条件］，再请一位女同学进行检查和补充［图 4-3(b) 和图 4-3(c) 中编号为②的条件］。从图 4-3(c) 可以看出，第一位同学对公式的使用条件掌握得不好，第一个条件是可逆，学生写的是等外压，第二个条件是理想气体，学生的答案是理想状态，表述不准确。第二位同学直接写出了两个条件，对公式的使用条件掌握得比较好。在学生作答完毕后，再由教师进行详细分析推导，和学生一起复习知识点。

(a)　(b)　(c)

图 4-3　采用逆向思维对体积功知识点进行复习

在期末考试中，体积功考查的分值为 2 分，考查题目为：在 337.65K、饱和蒸气压为 101.325kPa 下，甲醇的摩尔蒸发焓 $\Delta_{vap}H_m=35.32kJ/mol$，求在 337.65K、101.325kPa 下，2mol 气态甲醇（可视为理想气体）全部凝结成液体甲醇时的 W。2020 级安全工程 1 班 35 名同学的答案主要有 5 种（见图 4-4）。其中，14 位同学完全答对［见图 4-4(a)］；5 位同学写出了公式，但未进行计算或计算出错［见图 4-4(b)］；4 位同学用理想气体等温可逆过程功的计算公式进行计算［见图 4-4(c)］；4 位同学写出 $W=0$［见图 4-4(d)］；6 位同学没作答［见图 4-4(e)］；还有 2 位同学用热力学第一定律公式进行计算，计算出错。

(a) (b) (c) (d)

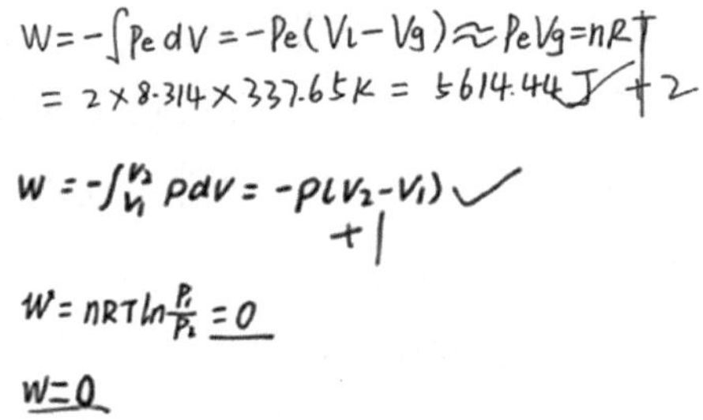

(e) 没作答

图 4-4　期末试题中体积功考点学生主要作答情况分类

相对于简单物理过程体积功的计算，相变过程体积功的计算难度较大，涉及假设和近似，题目完全解答正确的占比 40%，出错率为 60%，基本能够反映学生的真实学习情况，说明大部分学生对体积功的计算掌握得不好。与学生交流思政的融入、教学心得和建议时，学生认为将思政引入课堂教学很好，能够鼓励和帮助学生更好地学习。同时，学生反映进入大学后，面临的诱惑较多，如果课堂上跟不上讲授节奏，思想有时就会开小差，更容易被信息、朋友圈和游戏等吸引，想着课后再好好补上因思维分散落下的内容，但课后更难集中时间和精力。日复一日，落下的知识越来越多。导致这样的直接原因是学习惰性，主要原因是认为理论知识枯燥无味，觉得没有用处，建议教师在今后的教学中更加注意理论联系实际，帮助学生从应用角度认识物理化学，激发学习兴趣。

【思政案例 1】重复是学习之母

德国著名哲学家约瑟夫·狄慈根在介绍学习经验时曾说："重复是学习之母。"通过重复，尤其是不同的重复策略，如循序渐进的重复、横向纵向的重复、多向发散的重复和末位优势的重复等策略，能够帮助学生熟能生巧，做到举一反三、融会贯通，掌握相关知识点，形成知识链，探索属于自己、适合自己的学习方法。

【思政案例 2】学而不思则罔

从期末考试学生的答案分析可以看出，部分学生直接使用理想气体等温可逆过程体积功的公式进行作答，说明学生看到题目中“等温”和“理想气体”等条件，第一反应就是理想气体等温可逆过程的公式。直接作答，写出体积功为 0 的同学，则可能把过程看成了向真空膨胀的过程。而没有作答的同学，可能是不会做，或是被题目迷惑，不知道该如何处理，选择放弃解答。这也充分说明，在学习过程中，部分同学仅仅靠着死记硬背来记忆所学公式，没有深入地思考和理解，做不到活学活用，导致记忆力好，成绩反而不太好。爱因斯坦曾说过：学校的目标应是培养有独立行动和独立思考的人。因此，物理化学的教学目标不应该单是教会学生解题，更要注重学生独立思维能力的培养，帮助学生更好地学习，树立一生学习的理念。

4.4 课外思考题

① 请同学们课后自己推导一次恒外压压缩、多次恒外压压缩和外压比内压大一个无限小的压缩过程体积功的计算，结合课本第 75 页的图进行巩固复习，体会功是过程量这一特点。

② 查阅资料，获取其他过程功的计算，如理想气体恒 pT 过程（$pT=k$，k 为常数）、$p=a+bV$ 过程、非准静态过程和实际气体的状态变化过程等，对比分析，归纳总结。

4.5 教学评价

体积功的计算是学生接触物理化学涉及计算的第一个较难的知识点，基本公式简单，但过程不同，结论不同。学生在学习过程中如果仅仅通过简单的公式记忆，死搬硬套，不求甚解，不仅会在考试中丢失分数，更会影响后续的学习。单纯的公式推导比较枯燥，无法提高学生的学习兴趣，而在教学过程中融入思政元素，可以激发学生学习的积极性和主动性，加深学生对知识点的理解。基于专业课程的载体作用，选择学生熟悉的名言警句和辩证唯物主义的基本观点作为思政元素融入体积功的教学过程，简单精练，不会占用过多的学时，却能起到启发和激励的作用，帮助学生掌握知识的同时，学会思考，提高学习效率。

参考文献

[1] 傅献彩，沈文霞，姚天扬，等. 物理化学：上册[M]. 5版. 北京：高等教育出版社，2005.

[2] 朱文涛. 基础物理化学：上册[M]. 北京：清华大学出版社，2011.

[3] 周素芹，冯良东，张立静，等. 热力学中不同过程体积功的计算及其在 p-V 图上的表示[J]. 广东化工，2021，48(21)：201，207-208.

[4] 熊帮云，罗杰，廖爽. 几种常见过程的体积功[J]. 产业与科技论坛，2018，17(22)：69-70.

[5] 安庆锋，李红. 模块教学在物理化学教学中的应用[J]. 广州化工，2022，50(3)：123-125.

[6] 李楠，张立忠，赵秀峰. 体积功的计算与热力学第一定律[J]. 昌吉学院学报，2016(3)：106-108.

[7] 沈广宇，张春香. 物理化学中体积功的计算[J]. 广州化工，2015，43(17)：225-226.

[8] 领小，李静谊. 热力学中体积功和热计算的探讨[C] // 第二届《化学教育》学术交流会论文集. 2013：267-270.

[9] 领小. 关于热力学中体积功的计算[J]. 广州化工，2012，40(22)：47-48.

[10] 张红润，王静红. 化学热力学中系统对环境所做体积功的计算[J]. 科技信息(学术研究)，2006(09)：311-312.

[11] 王旭珍，王新平，王新葵，等. 大道至简，润物无声——物理化学课程思政的实践[J]. 大学化学，2019，34(11)：77-81.

[12] 张晓松，杨维汉，朱基钗. 从历史中汲取继续前进的力量——习近平总书记参观庆祝改革开放40周年大型展览侧记[BE/OL]. 2018-11-14[2022-12-10].

[13] 若水. 和名家对话[J]. 小学生时空，2011(6)：64.

[14] 张昌恒. 重复是学习之母——刍议化学课堂中适时重复性教学策略[J]. 化学教与学，2014(5)：33-36.

[15] 胡潇. 广州大学2017级新生“名师第一课”[BE/OL]. 2017-09-23[2022-12-15].

第 5 章

水无常形，教无定法，学无止境

——在“水的相图”教学中融入课程思政的实践探索

专　　业：化学/化学工程与工艺

授课对象：化学专业/化学工程与工艺专业本科二年级学生

5.1 章节简介

在相平衡的研究领域，水的相图占据着极为关键的地位，发挥着不可替代的作用。从理论基础层面看，它是吉布斯相律与单组分系统两相平衡 Clapeyron 方程的具体实践展现。通过水的相图，能将抽象理论具象化，帮助学生理解在不同温度、压力下，水的气、液、固三相如何达成平衡以及相互转化，让原本晦涩的知识变得直观易懂。在知识体系构建方面，水的相图是连接单组分系统与多组分系统相图研究的重要纽带。它不仅是前期单组分系统研究成果的集中体现，让学生对单一组分物质在不同条件下的相态变化有了深入的认识，同时深入剖析水的相图，可以帮助学生掌握分析相图的方法，积累研究相平衡的思路，为后续学习和理解更为复杂的二组分乃至多组分系统相图奠定坚实的基础。

5.2 章节蕴含的思政元素分析

5.2.1 传授中华传统文化

古典名句是中华文化智慧的结晶，是传统文化传承的载体，在习近平总书记系列重要讲话文章中多处引经据典，生动传神，寓意深邃，极具启迪意义。作为高校教师，将古典名句引入专业课程教学，能增添文化底蕴，培养学生的品德修养，激发学习兴趣，达到有效融合思政教育的目的。在“水的相图”教学中融入古典名句，能极大地丰富教学内涵。“水无常形”生动诠释了水依据温度、压力变化而呈现多种相态的灵活性，与相图展示的水相态随外界条件改变高度契合，有助于学生深入理解相态变化的本质与规律，培养其灵活应变的思维模式。“上善若水”和“水利万物”可以引导学生在探究水的相图时秉持如水般善良、包容与奉献的态度，使其认识到科学研究不仅是对知识的追求，更是对品德的修炼，激发其内在的科研动力与人文情怀。“冰，水为之，而寒于水”和“冰冻三尺，非一日之寒”则从能量变化和过程积累的角度出发，帮助学生更好地把握相图中相态转变的复杂性与渐进性，提升其对知识的综合理解与应用能力。

5.2.2 培养辩证思维能力

在“水的相图”教学中运用唯物主义辩证思维意义深远。从联系观来看，水的相图展示了水的相态与温度、压力等多种因素紧密相连，这可以帮助学生理解事物是普遍联系的整体，不能孤立看待水的某一种相态，培养其综合分析能力。从发展观方面看，水在不同条件下相态不断变化，从液态到气态或固态的转变，体现了事物的运动变化和发展，使学生明白物质处于永恒的发展过程中，相图就是这种动态发展的直观呈现，有助于他们以动态视角研究化学现象。从矛盾观方面看，水的各相态既相互区别又相互依存，在相图中可清晰体现出来，例如气液平衡线表明了液态与气态既对立又统一的关系，借此可引导学生认识到矛盾是事物发展的动力，启发他们探究相态变化背后的矛盾推动机制，从而更深刻地理解水的相图知识，提升科学思维和解决问题的能力。

5.2.3 培养科学精神

黄子卿先生在水的研究领域贡献卓越，将其事迹用于“水的相图”教学中意义深远。黄子卿精确测定了水的三相点，这一成果是水相图中极为关键的基准数据。在教学中讲述其事迹，能让学生深刻认识到科学研究中精准性的重要价值，明白基础数据的精确测定对于构建完整且准确的水的相图不可或缺。黄子卿在艰苦条件下坚持科研，展现出的坚韧不拔精神可激励学生在学习过程中不畏理论的复杂与实验的艰难。先生对科研的执着追求，也会引导学生以更专注、更深入的态度去探究水相图中各相态间微妙的平衡关系与变化规律。同时，黄子卿先生的事迹能让学生了解到科学成就背后的艰辛付出，从而培养他们尊重科学、勇于探索的科学素养，使学生在学习中不仅仅是掌握知识，更传承科学先辈的精神品质。

5.2.4　教学中的思政结合点

参见表 5-1。

表 5-1　教学中的思政结合点

专业知识点	思政元素	方法
水的相图绘制	实践出真知	案例教学法。水的相图由实验数据绘制而成，是科学家们不惧烦杂，反复调控温度与压力，仔细观测水的相态变化并记录数据的结果。借此启发学生唯有实践，才能获取真切知识，领悟科学真谛
单相区	水无常形	案例教学法。展示水的相图，从宏观和微观层面讲解其在不同温度和压力下的三态变化，彰显“水无常形”的本质。通过深挖专业知识蕴含的思政元素，帮助学生透过现象看本质，学习水的“无形”和“利万物而不争”，进而激发学生的创新思维，培养辩证能力和科学思维，提高适应能力和灵活解决问题的能力，树立正确三观，为其成长奠定坚实基础
两相平衡线	事物存在与发展都是有条件的	案例教学法、提问式教学法。教无定法，在思政教学过程中，以两相平衡线为主题，邀请学生分享，可以提高学生的课堂参与度，活跃课堂气氛，更能助培法治、道德等素养，帮助学生树立正确的三观，以相关准则投身实践，奠定未来应对生活之思想根基
	冰，水为之，而寒于水	案例教学法、讨论式教学法。巧妙地融入“冰，水为之，而寒于水”这一经典名句作为思政元素，能够在传授专业知识的同时，有效提升学生的思想境界，实现知识教育与思政教育的协同共进
三相点	科学家事迹	案例教学法、讨论式教学法。通过分享黄子卿先生测定水的三相点的经历，让学生体会科学家在困境中坚守初心、执着追求科学真理的伟大精神，激励他们在学习与未来工作中，传承和弘扬老一辈科学家的爱国情怀与科学风范，不畏艰难险阻，秉持严谨态度，为科学事业和国家发展拼搏奋进

续表

专业知识点	思政元素	方法
知识拓展	学无止境	自主学习法、小组讨论法、文献汇报法。水的相态研究是不断深入的课题，充满未知。教学时推荐与水的相图相关的科技前沿论文，可拓宽学生视野，助力知识增长，更可以让学生在科学探索中领悟“学无止境”。同时，培养其谦逊态度与进取精神，明白在求知路上应担当科技进步的使命，持续努力，以适应时代发展需求

5.3 教学设计

5.3.1 教学章节

傅献彩和侯文华编著的《物理化学》第六版上册中，第六章相平衡第 6.4 节单组分系统的相平衡中“水的相图”。

5.3.2 教学目标

5.3.2.1 知识目标

① 理解水的相图的基本概念和特征。

② 掌握水在不同相态之间转变的条件和规律。

5.3.2.2 能力目标

① 能够运用水的相图解决实际问题。

② 培养学生的逻辑思维和分析问题的能力。

5.3.2.3 价值目标

① 借古典名句融入“水的相图”教学，增添文化底蕴，培养学生品德修养、灵活思维，激发科研动力与学习兴趣。

② 运用唯物主义辩证思维，培养学生综合分析能力、动态视角研究能力及科学思维与解决问题的能力。

③ 将黄子卿先生事迹融入教学，培养学生不畏艰难、执着探索、尊重科学的科学素养与精神品质。

5.3.3 教学内容分析

5.3.3.1 教学内容

（1）水的相律分析

（2）相图绘制

（3）相图中的三个面（单相区）、三条线（两相平衡线）和一个点（三相点）

（4）相图解析

5.3.3.2　教学重点

① 相图中单相区、两相线和三相点的特点。

② 运用相图分析实际问题。

5.3.3.3　教学难点

① 三相点和冰点的区别。

② 水的相图解析。

5.3.4　教学过程

5.3.4.1　引入阶段

提问 1：水在室温下可以沸腾吗？

以提问的方式开篇，请同学们思考、讨论，发表自己的观点。

提问 2：通常在大气压力为 101.3kPa 时，水的沸点为 373K，而昆明的大气压通常为 81.2kPa，请回答在昆明水的沸点为多少？（已知水的摩尔汽化焓为 40.67kJ/mol，并设其与温度无关）

请同学到讲台上，将解题步骤和结果写在黑板上。通过具体的数字运算，可以加深学生对前面知识点 Clapeyron 方程的理解，清楚地认识到压力对沸点的影响，压力越大沸点越高。当处于海拔更高的地区时，由于水的沸点较低，传统的蒸煮方式无法达到理想的烹饪效果。因此，使用高压锅成为常见的解决方案。高压锅通过增加锅内气压，提高水的沸点，从而能够在较高的温度下煮熟食物。这样的教学方式不仅可以提高学生的学习兴趣，更能提高学生的知识应用意识，帮助学生深刻体会学以致用的魅力。

5.3.4.2　知识讲解阶段

（1）相律分析

单组分系统，$C=1$，则有：

$$f=C-\Phi+2=3-\Phi$$

当 $f=0$ 时，$\Phi_{max}=3$，纯物质最多三相平衡共存，即水可以以气、液、固三相共存。

当 $\Phi=1$ 时，$f=2$，可有 T、p 两个变量。

当 $\Phi=2$ 时，$f=1$，压力与温度只能改变一个。

根据上述情况，水的相图应该有三个单相区、三条两相线和一个三相点。

（2）相图的绘制

依据实验测定：

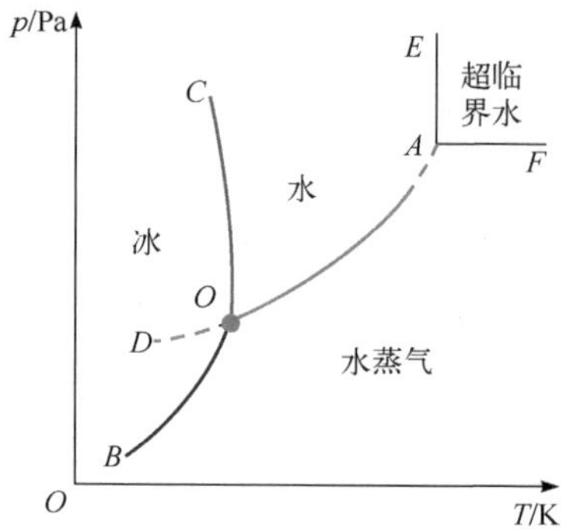

图 5-1　水的相图

① 气-液两相平衡时 T 和 p 的对应数据，画出 OA 曲线（图 5-1）；

② 固-气两相平衡时 T 和 p 的对应数据，画出 OB 曲线；

③ 固-液两相平衡时 T 和 p 的对应数据，画出 OC 曲线。

OA、OB、OC 线的斜率都可以用 Clausius-Clapeyron 方程或 Clapeyron 方程求得。

【思政案例】实践出真知

在介绍“水的相图是由实验数据绘制的”这一主题时，可以引导学生领悟“实践出真知”这一深刻的哲学观点。水的相图，作为对水在不同温度、压力下相态变化规律的高度总结与直观呈现，其背后是科学家们不懈的实践努力。科学家们面对复杂的仪器设备，反复调整温度与压力的参数，耐心地观察水从固态到液态，再到气态的微妙转变，细致地记录每一个数据点。这些实践过程并非一帆风顺，可能会遭遇各种失败和挫折，经历数据异常的困惑，但正是通过一次次的实践操作、一步步的问题解决，才积累起构建水的相图所需的丰富且可靠的实验数据。这清晰地表明，脱离了实践，我们对水的相态变化规律只能停留在模糊的臆想与推测层面。这种充满挑战和挫折的实践过程可以启发学生，无论是学术研究，还是日常生活，都不能仅仅依赖书本知识或主观想象，而要积极投身于实践活动。只有亲身去经历、去操作、去探索，才能真正获取对事物本质的深刻认识，才能在实践的磨砺中收获真正的智慧与成长，为未来的发展奠定坚实的认知基石。

（3）相图解析

① 三个单相区（气、液、固）

单相区内 $\Phi=1$、$f=2$，温度和压力独立地、有限度地变化不会引起相的改变。

【思政案例 1】水无常形

向学生展示水的相图，讲解在不同的温度和压力条件下，水可以呈现出固态

（冰）、液态（水）、气态（水蒸气）三种截然不同的形态。例如，在标准大气压下，当温度低于 0℃时，水为固态冰，具有固定的形状和体积；当温度在 0℃到 100℃之间时，水为液态，其形状随容器而变，具有流动性和一定的体积；当温度高于 100℃时，水变为气态，会充满整个空间，无固定形状和体积。强调水的这种形态变化是基于其物理性质和外界条件的相互作用，这正体现了“水无常形”的科学本质。从“水无常形”出发，可以培养学生的思辨能力，激发创新思维，培养科学精神和塑造良好品格。

理解事物的双重属性：通过分析“水无常形”，学生可以认识到水的形态变化既受外界条件的制约，又体现了水自身的适应性。这有助于学生学会从辩证的角度看待事物，明白事物的发展是内因和外因共同作用的结果，培养他们全面、客观分析问题的能力。

把握变化与不变的关系：从水在不同相态下的变化，引导学生思考其中不变的本质，如化学组成不变等。让学生领悟到在事物的发展变化中，既有形式上的多样性，又有内在的稳定性和规律性，从而提升学生对事物本质的把握能力和辩证思维水平。

透过现象看本质：进一步深入微观层面，解释水在不同相态下分子排列和运动状态的差异。在固态时，水分子通过氢键形成规则的晶格结构，分子振动但位置相对固定；液态水中，氢键部分断裂，分子间距离较近且可以自由移动；气态时，水分子间距离大幅增加，氢键几乎完全断裂，分子高速、自由地运动。通过这种微观解释，让学生理解水的“无常形”是分子层面变化的宏观表现，培养学生透过现象看本质的科学思维能力。

鼓励突破常规：“水无常形”展示了水突破固定形态的限制，根据环境变化而灵活改变的特点。这可以启发学生在学习和生活中，不要局限于传统的思维模式和固定的方法，要敢于突破常规，勇于创新，以适应不断变化的环境和需求。

培养灵活解决问题的能力：以水的灵活多变为榜样，教导学生在面对各种问题时，要像水一样善于根据具体情况调整思路和方法，灵活应对，找到最佳解决方案，从而锻炼学生的创新思维和实践能力。

激发探索精神：以“水无常形”为切入点，引导学生深入研究水的相图，探索水的形态变化背后的科学奥秘。这种对未知的好奇和探索欲望的激发，有助于培养学生的科学精神，让他们在追求科学真理的道路上保持积极进取的态度。

培养严谨态度：在分析水的相图和理解“水无常形”的过程中，需要学生仔细观察、精确分析数据和条件。这能让学生认识到科学研究需要严谨的态度和方法，从而在学习和未来的工作中养成严谨认真的好习惯。

培养适应性和灵活性：正如水能够适应各种环境变化而改变形态，学生可以从中学到，在生活中要具备良好的适应性和灵活性，以积极的心态面对生活中的各种变化和挑战，不抱怨、不退缩。

塑造谦逊品质：借助“水无常形”且“善利万物而不争”的特点，引导学生学习水的谦逊品质，不张扬、不炫耀，默默地服务他人、奉献社会，培养学生正确的人生观和价值观。

② 三个两相线（两个单相区的交界线）

a. OA 是液-气平衡线（水的蒸气压曲线）。OA 向上可延伸到临界点 A（647.1K，2.2×10^{7}Pa），向下可延伸到 OD 线，代表过冷水与蒸汽平衡线（不稳定的液-气平衡线）。

思考：临界点的相律，$\Phi=$？ $f=$？

b. OB 是固-气平衡线（冰的蒸气压曲线）。向下可延伸到绝对零度，向上可延伸到三相点。

c. OC 是固-液平衡线。OC 线不能无限向上延长，大约从 2.03×10^{8}Pa 开始，相图变得比较复杂，有不同结构的冰生成。

思考：结合 Clapeyron 方程，分析 OC 线的特殊性。

在两相平衡线上，$\Phi=2$，$f=1$，压力与温度只能改变一个，即指定了压力，则温度由系统自定，反之亦然。

【思政案例 2】事物的存在与发展都是有条件的

通过“单相的存在是有条件的，即一定的温度和压力”这一现象类比人生发展历程，使学生深刻理解无论是自然界还是人类社会，“事物的存在与发展都是有条件的”这一哲学思想。在个人成长过程中，要充分认识到自身发展与外界条件之间的相互关系，敏锐捕捉机遇，勇于面对环境变化带来的挑战，灵活调整自己的发展路径，从而在有限的人生中创造出更大的价值，实现自己的梦想与目标。这也有助于培养学生的辩证思维、适应能力和积极进取的人生态度，为他们今后走向社会、应对复杂多变的现实生活奠定坚实的思想基础。

提问：大家从单相、条件自由度等概念，还可以获得哪些思政方面的启发？

同学 1：自由是有条件的。水、冰和水蒸气只有在一定的温度和压力范围内才是水、冰和水蒸气本身，如果越界就变成其他的形态了，就好比自由，也是有条件的。年轻人生活在网络发达的时代，个性张扬，喜欢新鲜的事物，也喜欢参与各类热点话题的讨论，言论相对自由。但在网络世界和现实生活中，自由都不是绝对的，它受到法律、道德和社会环境等多种因素的制约。因此，我们要树立正确的自由观，在行使自由权利的同时，自觉遵守法律规定，承担道德责任，积极营造良好的社会环境，以实现个人自由与社会秩序的和谐统一。

同学 2：不要越界。小到生活中人与人相处，只有不越界（类似相图中的两相平衡线），才能更好地做自己，更好地和他人相处。大到人与自然、经济发展与生态保护，以及个人行为与社会责任，都存在着各种需要遵循的界限。只有尊重这些界限，做到“不要越界”，才能实现生态系统的平衡与稳定、经济的可持续发展和社会的和谐进步。

……

通过师生共同分享，可以提高学生的课堂参与度，活跃课堂氛围，培养学生的法治意识、道德素养和社会责任感，树立更好的生态意识、可持续发展观念、道德责任感和正确的价值观，鼓励学生在未来的学习、工作和生活中能够自觉地以“不要越界”和“自由是相对的或有条件的”为准则，积极参与生态文明建设和社会和谐发展的实践中去。

【思政案例 3】冰，水为之，而寒于水

固-液两相平衡线直观地呈现出冰与水的关系，这是一个复杂且相互关联的体系。如同在现实生活中，事物的发展并非单一方向，而是充满了辩证的变化。“冰，水为之，而寒于水”并非简单地强调冰的超越，而是蕴含着水与冰既相互依存又相互转化的关系。在科学研究中，我们既要看到事物的现状与发展结果（冰的“寒于水”），也要探究其根源与形成过程（水为之）。培养学生的辩证思维，使他们在面对科学问题和社会现象时，能够全面、客观、动态地进行分析，避免片面性和绝对化。

同时，“冰，水为之，而寒于水”也体现了教育对学生成长与超越的期待。在知识传授的过程中，教师如同源头之水，为学生提供基础的滋养与框架。然而，教育的终极目标并非塑造千篇一律、局限于既有知识体系的个体，而是鼓励学生在汲取知识养分的基础上，通过独立思考、探索实践，突破教师知识与思维的边界，形成更为深刻的见解与创新成果。例如，在科研领域，导师为学生开启研究之门，介绍前沿理论与研究方法，但学生凭借敏锐的洞察力和勇于尝试的精神，可能发现新的研究视角或得出更优的研究结论，从而推动整个学科的进步。这种超越并非是对教师的否定，而是教育成果的彰显，是人类知识传承与发展链条上的关键环节。它激励着学生在追求真理的道路上勇往直前，也让教师在见证学生成长过程中体会到教育的成就感与使命感。

在师生关系的构建上，“冰，水为之，而寒于水”强调了相互尊重与共同成长的重要性。一方面，学生应尊重教师的辛勤付出与知识积累，视教师为成长道路上的引路人，虚心求教，传承师者的优良品德与学术风范。另一方面，教师也需尊重学生的独特个性与创新潜能，摒弃传统的权威观念，以开放、包容的心态鼓励学生挑战既有认知，为学生的超越创造宽松的环境。如孔子与弟子们的关系，孔子虽为至圣先师，但他与弟子们平等对话、相互切磋，弟子们在孔子的教诲下各有所成，颜回的德行、子贡的口才、子路的勇敢等都在传承孔子思想的同时展现出独特魅力，而孔子也在与弟子的交流中不断丰富和完善自己的学说。这种师生间的良性互动既促进了教育的和谐发展，也为社会培养出有担当、有创新能力的新一代。

③ 一个三相点（O 点）

气、液、固三相共存，$\Phi=3$，$f=0$，三相点的温度和压力皆由系统自定。H_2O 的三相点温度为 273.16K，压力为 611.66Pa。

思考：为什么干冰会发生升华，而冰不会?

三相点是物质自身的特性，不能加以改变。

注意：三相点与冰点的区别，冰点即水的凝固点，是水和冰平衡共存的温度。改变外压，水的冰点也随之改变。大气压力为 101325Pa 时，冰点为 273.15K。

冰点比三相点温度低 0.01K 是由两个因素造成的：①外压增加，使凝固点下降 0.00749K；②水中溶有空气，使凝固点下降 0.00242K。

【思政案例 4】科学家的事迹

在“水的三相点”这一重要知识点的教学过程中，引入我国杰出化学家黄子卿先生的事迹。在 20 世纪 30 年代，实验设备简陋，科研资源极度匮乏。然而，就是在这样的重重困境下，黄子卿先生毅然投身于水的三相点测定这一具有重大科学意义的研究工作中。通过精心设计实验方案，对实验装置反复调试和改进，经过长达一年的不懈努力，黄子卿先生得出了当时最精确的水的三相点数值（0.00981℃±0.00005℃），被公认为国际上的通用标准数据。这一成果不仅在科学领域具有里程碑式的意义，为全球物理化学研究提供了极为关键且精准的数据基础，推动了相关理论的进一步发展与完善，更是为中国科学家在国际科学界赢得了崇高的声誉。从黄子卿先生的事迹中，学生们能够深刻领悟到诸多宝贵的精神品质。首先是坚韧不拔的毅力，无论面对多大的困难与挫折，都能坚定信念、勇往直前、永不放弃。其次是严谨认真的科学态度，在科学研究中容不得半点马虎与疏忽，必须以高度的责任心和精益求精的精神对待每一个实验环节。再者是强烈的爱国情怀，在那个国家贫弱的年代，黄子卿先生以自己的科研成就为国家争光，让世界看到了中国科学家的智慧与力量，激励着当代学生为了祖国的科技进步而努力奋斗。

在教学中引入这一思政案例后，可以组织学生进行深入讨论。例如，让学生思考在当今相对优越的科研条件下，如何传承黄子卿先生的精神，在自己的学习和未来的科研工作中做到勇于创新、不怕困难、严谨治学；如何将个人的科研理想与国家的科技发展需求相结合，为实现中华民族伟大复兴贡献自己的力量。通过这样的讨论与思考，能够有效引导学生树立正确的价值观、科学观和人生观，使他们在掌握专业知识的同时，成为具有高尚品德和强烈社会责任感的新时代人才。

（4）相图的应用

① 可以确定任意温度和压力下系统所处的相态。

② 系统的某一变量变化时，系统将发生什么变化。

相图上的每一条连接着许多状态点的线段都代表一个变化过程。根据相图，我们可以对任何一个变化过程进行相变分析，详细说明系统经历的一系列变化。例如，从 M 到 S 的一个等压升温过程（见图 5-2），$f=C-\Phi+1$。

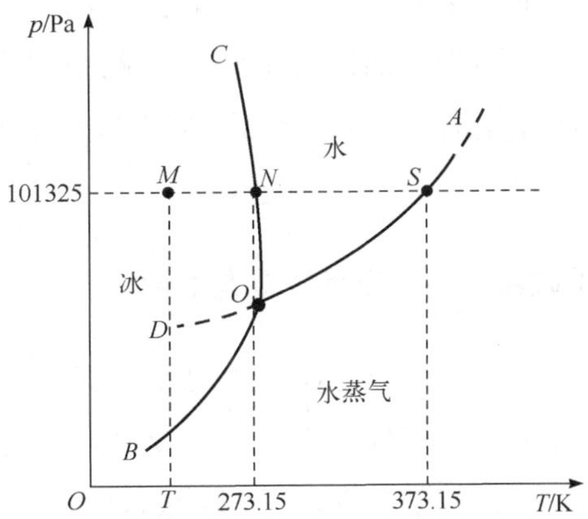

图 5-2　水的相图解析

在 M 点，水以冰的形式存在，单组分单相，$f=C-\Phi+1=1-1+1=1$，在 N 点之前，温度可以自由变化而不引起相变。

系统从状态 M 升温到状态 N，为什么在 N 点时持续加热一段时间，温度却恒定不变？当升温至 N 点时，即达到熔点（101325Pa 时，N 点温度为 273.15K），开始出现液态水，此时为单组分两相，$f=C-\Phi+1=1-2+1=0$，因此系统温度保持不变，直至冰全部融化成水，系统变为液相，进入液相区。压力不变，温度不变，但不等于加热过程中系统没有任何变化。加热过程中水会变多，冰会变少，直到最后一个冰渣消失，系统进入另一个单相区水相，$f=C-\Phi+1=1-1+1=1$。在 S 点之前，温度可以自由变化而不引起相变。

当升温至 S 点时，即达到沸点（101325Pa 时，S 点温度为 373.15K），开始出现水蒸气，此时气液共存，$f=C-\Phi+1=1-2+1=0$。加热过程中温度不变，直至水全部汽化成水蒸气，进入气相区，$f=1$，温度继续升高。

【思政案例 1】积累的力量与质变的达成

引导学生讨论水结冰过程中，温度的持续作用和时间的积累是如何使水从液态变为固态的，让学生明白这是一个量变到质变的过程。在学习和生活中，许多事情也是如此。以学习相平衡为例，每一个知识点的掌握、每一道题目的练习都是量的积累。当积累到一定程度时，就会对整个相平衡知识体系有更深入的理解，解题能力也会有质的飞跃，能够解决更复杂的相平衡问题。这告诉学生，不要轻视日常的点滴努力，看似微小的进步，只要坚持积累，最终都可能带来巨大的改变。就像水在漫长的冬天逐渐形成厚冰，只要持之以恒，就能实现从量变到质变的突破，达成自己的目标。

【思政案例 2】耐心与坚持的重要性

通过水结冰需要长时间等待的过程，启发学生思考在追求学业进步和个人成长过程中，耐心和坚持的意义。在面对困难的学科知识或复杂的技能训练时，学生往往容易因为短期内看不到明显的效果而放弃。就像水在结冰过程中因为温度偶尔回升而停止凝固，就无法形成厚厚的冰层。让学生明白，成功需要时间的沉淀，只有保持耐心，坚持不懈地努力，才能在自己的领域有所建树。

【思政案例 3】目标导向与持续努力

以学生想要在某个领域取得成就为例，如成为一名优秀的中学化学教师。首先要有明确的目标，就如同水结冰时，水分子需要朝着有序排列而形成冰层的方向发展。然后制定长期的学习计划，每天按照计划学习，考取化学教师资格证，通过入职考试，入职后认真备课、教学、批改作业等。在追求目标的过程中，难免会遇到各种困难和外界的干扰。不能因为一次公开课的失败，或者学生的不理解、家长的质疑就轻易放弃。要始终坚定信念，围绕成为中学化学教师的目标持续努力。不断反思自己的教学方法，总结经验教训，提升自己的教学技能，只有这样，才能实现自己的理想，成为一名优秀的中学化学教师。借此启发学生，在人生道路上明确目标并持之以恒地为之努力奋斗，是取得成功的关键。

5.3.4.3 知识拓展

推荐论文“Infrared spectroscopic study of hydrogen bonding topologies in the smallest ice cube”（*Nature Communication*，2020，11，5449），“Microstructure and crystal order during freezing of supercooled water drops”（*Nature*，2023，620，557），

"Supercritical water is not hydrogen bonded（*Angewandte Chemie International Edition*，2020，59，18578），供学生课后进一步学习，了解水的相关研究的最新进展。

【思政案例 1】知识的无限性与谦逊态度

引导学生讨论在水的相图研究中，科学家们对三相点、超临界态等不断深入探索却仍面临诸多未知这一现象，让学生明白知识是无穷无尽的。无论人类在某个领域取得多么辉煌的成就，总有更多的未知等待我们去发现。就像在浩瀚的宇宙中，人类目前所了解的只是冰山一角。在学习过程中，学生不能因为掌握了一些基础知识就骄傲自满，而应该始终保持谦逊的态度。只有认识到自己的无知，才有不断学习的动力，像科学家们在水的相图研究中一样，持续探索未知领域，不断丰富自己的知识储备。

【思政案例 2】探索精神与学习动力

通过水的相图中复杂现象背后隐藏的大量未知知识，以及科学家们不懈探索的实例，激发学生的探索精神和学习动力。在面对超临界水的诸多未解之谜时，科学家们并没有因为困难而退缩，而是积极研发探索新技术、新方法。在学习过程中也应该保持好奇心，主动探索实验现象背后的原理、理论知识在实际生活中的应用等，将学习从被动接受转变为主动探索，从而激发内在的学习动力，不断追求更高层次的知识。

【思政案例 3】持续学习与个人成长

在信息时代，知识更新换代的速度越来越快，如果想要在未来的职业发展中保持竞争力，就必须持续学习，只有不断学习新知识、新技能，才能跟上时代的步伐，在不同的人生阶段实现自我价值的提升。

5.4
课外思考题

① 请学生自己查阅文献，收集不同温度下水的相平衡数据，绘制水的相图。

② 超临界水具有许多独特的物理和化学性质，请学生查阅资料，了解超临界水在工业上的用途。

5.5 教学评价

“水的相图”作为学生接触的首幅相图，其相区相对简单，知识目标清晰可辨，难点知识占比亦少，这为思政元素的融入提供了较为充裕的时间。与“水无常形”相似，教无定法，课程思政的有效推进离不开师生的共同努力。教师不再是知识与思政的单一传递者，学生也不再是被动接受者。师生应在平等的交流互动中挖掘专业课程里的思政宝藏。教师需依据不同专业的特点、学生个性的差异以及时代发展的需求，灵活地将思政元素渗透进教学的各个环节。因此在本次思政教学过程中，尝试了以深度挖掘古典名句所包含的哲学元素为核心，邀请学生参与思政教学分享的方式。教学过程中发现，学生对于自主挖掘思政元素的方式兴致颇高，思维活跃，能够从年轻一代的视角出发，联系时政热点予以拓展延伸，更易在同龄人中引发情感共鸣。学无止境，学生在研习专业知识时需要丰富的资源与资料，教师可依学生所求，拓展学习路径，如推荐专业典籍、引导线上学习等，助力学生在知识的海洋中不断探索。在教学尤其是思政教学过程中，教师更是责无旁贷，要以学生为核心，洞悉不同时期学生的特性，一心一意为教育事业奉献心力，践行教书育人的使命。

参考文献

[1] 傅献彩，侯文华. 物理化学：上册[M]. 6 版. 北京：高等教育出版社，2022.

[2] 冯玉，张秀云，郑婷婷，等.《物理化学》“水的相图”教学单元混合式教学设计[J]. 广州化工，2023，51(02)：336-338.

[3] 胡娅琪，秦蓓，杨莉宁，等. 高效“物理化学”课堂的构建——以“水的相图”教学为例[J]. 化工时刊，2022，36(12)：35-37.

[4] 毛双. 物理化学课程教学中的课程思政——以“水的相图”为例[J]. 大学教育，2021(04)：97-99，106.

[5] 罗艳玲，齐学洁，申蕊，等. 中医药院校物理化学课程思政教学的设计与实施——以水的相图为例[J]. 大学化学，2024，39(11)：9-14.

[6] 苑娟，兰海荣，苗晨阳. 课程思政在物理化学教学中的渗透[J]. 中国教育技术装备，2020(23)：92-93.

[7] 王渝生. 物理化学奠基人 创理论重实验 精确测定水的三相点 教育界一代宗师 著教材研教法 因材施教桃李遍天下[J]. 中国科技教育，2021(01)：78-79.

[8] 黄成新，赵匡华. 第一个精测水三相点的物理化学家黄子卿[J]. 中国计量，2005(03)：47-48.

第 6 章

调控相平衡，筑梦三峡

——蕴含课程思政理念的“相平衡”教学

专　　业： 化学/化学工程与工艺

授课对象： 化学专业/化学工程与工艺专业本科二年级学生

6.1 章节简介

本章主要研究多相共存系统中组分分布与相态转化的平衡规律。其理论基础源自吉布斯相律（$F=C-P+2$），通过相图直观描述温度、压力与组成对系统稳定性的影响。本章涵盖单组分系统（如水的气-液-固平衡）与多组分系统（如合金、溶液的相行为），重点分析杠杆规则、共晶/共沸现象等实际应用。现代拓展方向包括纳米尺度相变、高压/极端条件下的非经典平衡，为材料设计、化工分离提供关键理论支撑。

6.2 章节蕴含的思政元素分析

6.2.1 培养辩证思维能力

物理化学理论往往通过实验验证和应用进行检验。培养学生将理论知识与实际实验相结合的能力，让他们理解理论的适用性和局限性，从而形成辩证的思考方式。相平衡展现了物质相互依存、动态转化的关系，充分诠释了辩证思维。气、液、固三相在一定条件下可逆转变，打破了学生对物质静态认知的局限。这启示学生要用联系、发展的眼光看待问题，懂得利弊共生、福祸相依。工程应用方面，化工生产涉及多相反应，调节温度、压力达到相平衡时，牵一发而动全身。这就需要树立系统观念，统筹考量原料、设备、环保等诸多因素。生活中同样如此，规划学业与职业要兼顾兴趣、能力、市场需求，避免顾此失彼，培养全局谋划、辩证分析的思维习惯。这种辩证思维不仅在物理化学领域具有重要意义，也对学生综合素质的提升和未来职业的发展具有重要意义。

6.2.2 培养环保意识和社会责任感

相平衡原理在环保领域应用广泛。污水净化时，借助气浮、沉淀等相分离技术去除杂质；废气处理则靠吸附、冷凝平衡调控减排污染物。这些背后凸显的是绿色发展理念与社会责任。当下生态问题严峻，学习相平衡，能让学生意识到科技可为环保赋能；投身相关行业后，更要坚守底线，不为经济效益牺牲环境。如化工企业升级相分离设备以达到减排，就是履行社会责任。同时，促使学生心怀大格局，将个人所学对接社会需求，为环保出力，践行人与自然和谐共生的使命。

6.2.3 培养科学精神

相平衡涉及复杂的理论与实验，研究目的是探究物质在多相体系达到平衡时的条件与规律。科学家历经无数次实验，从早期定性观察到定量精准测定，耗费了大量心力。以水的相图绘制为例，需严格控制温度、压力，细微偏差就可能使结果谬之千里。这要求研究者秉持求真务实的作风，绝不放过任何可疑数据；遇到难题时，不屈不挠、反复钻研。这种精神传递给学生的是：学习与科研无捷径，须踏实严谨。面对实验失败、理论瓶颈，不能投机取巧、敷衍了事，而是要沉下心排查问题，靠点滴积累攻克难关，这是学术进步乃至个人发展的基石。

6.2.4 教学中的思政结合点

参见表 6-1。

表 6-1 教学中的思政结合点

专业知识点	思政元素	方法
水的相图	不惧困难、执着钻研的探索精神，以及归纳、演绎等科学思维的养成	a. 案例研讨法：列举生活中利用水相变的实例，并组织学生分组讨论背后的原理。 b. 实验复盘法：展示历史上科学家绘制相图的关键实验，剖析遇到的难题、解决思路，引导学生体会科研的艰辛与严谨，撰写心得，深化思政感悟

续表

专业知识点	思政元素	方法
精馏原理	绿色发展与工匠精神	a. 实地参观法：组织学生到化工厂，近距离观察精馏设备，听工程师讲解节能减排改造、质量把控的故事。 b. 项目式学习法：设定“精馏塔绿色优化”小课题，组织学生调研、设计方案，践行绿色理念，锻炼实操与协作能力
杠杆规则	实事求是与精准的做事风格	实验教学法：让学生实操双液系统蒸馏实验，亲手测量、计算；教师现场纠错答疑，引导学生反思数据异常的原因，体会精准操作的重要性；课后开展实验总结会，评选“最佳实验报告”，激励严谨治学
液-液萃取中的相平衡	文化传承与创新精神	实践教学与文化融合：化工制药方面，液-液萃取依靠溶质在互不相溶溶剂里的溶解度差异，达成相间分配平衡，从而达到分离提纯目标物的目的，如中药提取有效成分、稀土元素分离。通过安排中药萃取实验，让学生实操，感受从传统到现代的跨越；邀请中医专家讲药材炮制、疗效；课后布置小论文，探讨技术赋能文化传承的路径，激发文化自信与探索热情

6.3 教学设计

6.3.1　教学章节

第六章 相平衡

6.3.2　教学目标

6.3.2.1　知识目标

① 多相系统平衡的一般条件：学生能够理解和描述多相系统达到平衡状态时的热力学条件，包括温度、压力和组分浓度的均一性，掌握化学势在多相平衡中的作用和表达方式。

② 相律：理解吉布斯相律的概念及其在描述多相系统中组分和自由度之间关系的重要性。学习如何应用相律来确定系统的相数、组分数和自由度。

③ 单组分体系相图：掌握如何解读和使用单组分体系的相图，包括理解三相点和临界点的概念，理解不同相变（如固-液、液-气）在相图上的表示方法。

6.3.2.2 能力目标

① 分析和应用能力：能够分析多相系统的平衡条件，使用相应的热力学方程来解决与多相平衡相关的问题，应用相律和相图来预测和解释实际系统中的相行为和相变。

② 批判性思维与问题解决：培养学生使用批判性思维来分析复杂系统的平衡状态，特别是在面对似是而非的数据和信息时能够独立思考，增强学生解决实际多相平衡问题的能力，尤其是在理解现象背后的科学原理方面。

6.3.2.3 价值目标

① 通过案例设计，引导学生深入思考科学方法的重要性，即在面对科学问题时应用系统的观察、分析和验证方法，激励学生不断学习知识，特别是在快速发展的科学领域内保持好奇心和学习热情。

② 增强职业道德和社会责任感：通过相平衡在环境科学与工程中的应用，如能源生产和资源回收，教育学生在科学研究和技术开发中应负起的社会责任。

6.3.3 教学内容分析

6.3.3.1 教学内容

（1）引言

（2）多相系统平衡的一般条件

（3）相律

（4）单组分体系两相平衡

（5）外压与蒸气压之间的关系

（6）水的相图

6.3.3.2 教学重点

① 理解和描述多相平衡状态所需满足的条件，重点是化学势的均等以及如何通过控制温度、压力和组分实现平衡。

② 吉布斯相律的基本原理，包括如何用它来确定系统的相数、组分数和自由度。

③ 物质在不同条件下的相变过程，如固态、液态和气态的转换。

6.3.3.3 教学难点

① 多相系统的平衡条件和相律涉及的大量抽象概念，以及热力学术语。

② 相律和化学势涉及的复杂计算。

6.3.4　教学过程

6.3.4.1　引入阶段

先通过观看三峡大坝开闸泄洪的壮观画面（滔滔江水如万马奔腾，呼啸而出；巨轮有序通过船闸，平稳升降），激发学生的求知欲，搭建工程与知识的桥梁。引导学生从全新视角——物理化学的“相平衡”，探秘三峡工程背后的科学密码。

大家日常生活中会接触水的沸腾、结冰，这关乎气-液、固-液相变；而三峡的蓄水成库、泥沙治理，同样藏着相平衡的门道。水位是如何稳定的？泥沙为什么不会淤积堵库？接下来带着这些疑问，开启学习的探索之旅，看看神奇的相平衡如何在三峡施展“魔法”。

6.3.4.2　知识讲解阶段

从具体内容上，采用案例教学策略讲授基本原理。相平衡基础概念的启蒙利用多媒体动画展开，以直观呈现水的三相变化：固态冰受热，晶格振动加剧，突破分子间作用力，渐变为液态水；持续吸热，水分子动能升级，挣脱束缚，化身气态。引出相平衡定义：在封闭、多相体系里，各相物质交换达到动态平衡，成分、性质恒定。

一瓶密封的糖水中，糖分子在固、液相间分配稳定，就是固-液平衡的实例。三峡水库蓄水后，水域浩瀚，深度、面积剧增，催生出复杂的相平衡问题。一是气-液平衡，水面与大气频繁进行物质、能量交换，水温、气压波动，打破原有平衡。夏季高温，水体溶氧减少，鱼群缺氧；冬季水温骤降，表层冰封，阻碍气体交换。二是固-液平衡，长江裹挟泥沙入库，沉淀淤积，改变库底地形，削减库容，影响坝体安全；还有库岸岩石风化、侵蚀，碎屑入江，同样涉及固-液转化。结合图表，讲解温度、流速、浓度对相平衡的调控机制。流速快，泥沙难沉降；水温高，气体溶解度低；入库水流含沙量高，固-液平衡朝淤积方向倾斜。

深入浅出，助学生把握基础理论与三峡实际的联系。这种将理论与实际相结合的教学方法，有助于学生深入理解化学动力学和相平衡的核心概念，提升分析相图的能力，并激发他们对化学学科的兴趣。

6.3.4.3　案例分析与讨论阶段

（1）案例分析：三峡工程中的相平衡问题

展示三峡工程中相平衡的实际应用案例，如大坝的水位调控和泥沙治理。引导学生分析在不同季节和水文条件下，三峡水库如何通过调节水位和水流速度来维持气-液平衡和固-液平衡。例如，在雨季，水库需要加大泄洪量以防止水位过高，这不仅涉及气-液平衡的调整，还关系到固-液平衡的维持，因为快速的水流可以减少泥沙的沉积。通过具体数据和图表，学生将深入理解相平衡原理在实际工程中的应用，以及如何通过科学手段解决复杂的工程问题。

（2）小组讨论：相平衡在生活中的应用与挑战

组织学生进行小组讨论，主题为“相平衡在生活中的应用与挑战”。每个小组选择一个与相平衡相关的实际问题，如家庭中的水壶烧水结垢现象、工业中的冷却系统结垢问题，或者环境保护中的水体富营养化问题。学生需要运用所学的相平衡知识，分析问题产生的原因，并提出可能的解决方案。在讨论过程中，鼓励学生从不同角度思考，如经济效益、技术可行性、环境影响等，培养他们的批判性思维和创新能力。最后，每个小组都将讨论结果进行汇报，促进全班同学之间的交流与学习。

6.3.4.4 情感态度与价值观引导阶段

（1）态度塑造

播放三峡工程的纪录片片段，展示大坝巍峨的身姿、磅礴的泄洪场景，让学生直面工程的浩大与精妙。随即抛出问题：“如此巨型水利枢纽，怎样调控水位才能保障发电、航运、防洪等功能的同时，又维持水的相平衡?”引导学生深入思考技术难点，燃起对科学技术的敬畏之心，激发主动探索的求知欲，使其从旁观者变身求解者。讲述建设者的故事，如：工程师扎根深山数年，反复调试船闸水位控制系统，攻克水流复杂多变下的相平衡难题；施工团队昼夜不停，协同攻克大坝混凝土浇筑温控难关，避免温度失衡导致裂缝。组织小组开展模拟工程难题研讨，让学生体会个体力量有限，唯有坚韧不拔、团队紧密配合，才能啃下“硬骨头”，塑造面对困难不退缩、携手共进的做事态度。

（2）价值观引导

剖析三峡工程生态调度的细节，丰水期加大泄洪量维持下游水动力，防止水体富营养化、藻类爆发，维系水域生态平衡；枯水期补水，保障鱼类栖息、繁殖。引导学生认识到工程不仅追求经济效益，更注重生态和谐，启发其思考日常如何节水、护水，将绿色理念融入生活点滴，内化可持续发展的价值观。回溯三峡工程的决策历程，面临资金、技术、移民等重重难题，国家毅然拍板，无数科研人员、基层干部投身建设。组织学生撰写“给三峡建设者的一封信”，体会先辈“功成不必在我，功成必定有我”的格局，激发学生为国家繁荣富强努力拼搏的使命感；畅想未来水利工程挑战，鼓励学生以专业知识担科技兴国之责，投身国家关键领域，彰显家国情怀与担当。

通过这样的案例引导，学生不仅能够理解物理化学相平衡的基本概念，还能培养出积极的情感态度和正确的价值观，将所学知识与社会责任紧密联系起来。

6.3.4.5 总结与反馈阶段

(1) 知识巩固与深化

课堂结尾设置问答环节，围绕“三峡大坝如何实现水的气、液、固三相平衡的调控?”提问。学生能说出冬季防结冰保液态、泄洪时控水汽的操作，则反映出对核心知识掌握得较好；但解释原理稍显吃力，后续需增添原理剖析课时，用动画、模型强化理解，夯实专业知识根基，凸显相平衡理论的实操意义，让学生领悟理论指导工程实践的价值。

(2) 思政要点反思

组织小组讨论思政融入点，多数学生认可三峡蕴含“人与自然和谐共生”的思政元素，却难以与相平衡知识点联系起来。后续教学需剖析工程决策细节，如水位调控兼顾发电、生态，启发学生从技术层面思考生态平衡，融入可持续发展观；引入建设者克服困难的史料，培养学生攻坚克难的精神与爱国情怀，让思政不只停留于表面。

(3) 教学方法反馈

学生认可视频直观呈现的优势，但认为工程数据多、专业术语密集，观看易疲惫。后续需分段剪辑，插入动画解读、专家白话科普，降低理解难度；还可补充不同视角的纪录片，丰富素材。互动环节改进：小组讨论活跃度不均，下一步要细化分组规则，提前培训组长引导讨论；增设线上互动区，鼓励性格内向的学生发言，营造全员参与的氛围，全方位提升教学效果。

6.4 课外思考题

① 已知盐水溶液在特定温度、压力下达到气-液平衡，往体系里缓慢加盐，从微观粒子运动及相平衡原理分析，气、液两相成分与体积会发生什么变化?

② 生活中，高压锅煮饭是利用锅内高温高压改变水的相平衡实现快速煮熟食物的。若锅的安全阀故障，导致一直排气，就会煮不熟饭，结合相平衡曲线解释这一现象。

③ 化妆品乳液配方需维持油相、水相稳定平衡，防止分层变质。假设你是研发人员，要推出一款夏季清爽型乳液，从相平衡、原料特性的角度出发，调整哪些成

分、参数能达到目的？

④ 实验室用蒸馏法分离乙醇-水混合液，二者可形成共沸物，普通蒸馏难获纯乙醇。设计改良实验，利用加盐、改变气压等手段打破原有相平衡，提高乙醇纯度，并阐述背后相平衡机制的变化。

⑤ 空调制冷靠制冷剂气-液转化实现。夏季高温、高湿环境下，部分空调制冷效果差、蒸发器结霜。运用相平衡知识，解析故障成因，给出日常维护、技术改进的建议，并兼顾成本与效率。

6.5 教学评价

该思政案例“调控相平衡，筑梦三峡”在教学设计与实施过程中，充分体现了课程思政理念的深度融入与有效实践，取得了显著的教学成效，以下从几个方面进行具体评价。

（1）教学内容与思政元素融合

案例紧扣“相平衡”这一物理化学的核心知识点，巧妙地将思政元素贯穿其中。例如，在讲解水的相图时，不仅传授绘制过程中的科学原理，还借此弘扬科学家不惧困难、执着钻研的探索精神，以及归纳、演绎等科学思维的养成，使学生在掌握专业知识的同时，深刻领会到科学探索背后的艰辛与伟大，激发了学生的科研热情和严谨的治学态度。再如，精馏原理的教学中，将绿色发展与工匠精神融入其中，通过实地参观化工厂和项目式学习，让学生真切感受到精馏塔节能减排的重要性，以及操作工人精益求精的工作态度，引导学生树立绿色发展理念和工匠精神，实现了专业知识传授与思政教育的无缝衔接，使学生在学习过程中自然而然地接受思政熏陶，达到了知识与价值的双重教育目标。

（2）教学方法与手段创新

案例采用了多样化的教学方法与手段，极大地丰富了教学形式，提高了教学效果。多媒体动画的运用，直观地呈现了水的三相变化过程，使抽象的物理化学概念变得形象、易懂，帮助学生快速建立起相平衡的直观认识，为后续深入学习奠定了基础。案例研讨法、实验复盘法等方法的运用，充分调动了学生的主动性和参与性。如在水的相图教学中，通过列举生活实例，组织学生分组讨论，让学生在交流碰撞中深化对知识的理解；实验复盘法则通过展示科学家绘制相图的关键实验，引导学生剖析难题和解决思路，使学生在回顾科研历程中体会科研的艰辛与严谨，增强了学生的批判性思维和解决问题的能力。此外，实地参观法和项目式学习法等实践性教学手段的实施，让学生走出课堂，深入实际工程和生产现场，亲身体验和感受专业知识的应用，如到化工厂观察精馏设备运行、参与“精馏塔绿色优化”小课题的调研和设计。这些实践活动不仅增强了教学的直观性和实践性，还培养了学生的实操能力和团队协作精神，使学生能够将所学知识与实际问题相结合，提高了学生的综合素养和解决实际问题的能力。

（3）教学创新突出

案例以三峡工程为背景，将物理化学的相平衡知识与实际工程相结合，这种跨学科、跨领域的教学创新，极大地拓宽了学生的视野，培养了学生的综合素养和创新思维。学生能够从物理化学的视角探秘三峡工程背后的科学密码，如探究水位调控、泥沙治理等过程中的相平衡问题。这种创新的教学视角可以使学生认识到物理化学知识在解决实际工程问题中的重要作用，增强了学生学习物理化学的兴趣和动力。同时，在思政教育方面也进行了创新，将思政元素融入具体的教学案例和实践活动中，如通过三峡工程的建设历程和生态调度等实例，生动、具体地向学生传递家国情怀、绿色发展、团队合作等思政理念，避免了传统思政教育的枯燥和抽象，使思政教育更加贴近学生的生活实际和专业学习，更具感染力和实效性，充分体现了课程思政的创新性和时代性。

（4）教学反思

该思政案例融入教学的效果较好，主要体现在以下几个方面：

① 知识掌握提升：通过引入三峡工程实例讲解相平衡，学生对抽象的相平衡原理理解得更透彻。如分析三峡大坝泄洪时水汽逸散、蓄水期水位调控与水的相态稳定关系，学生能直观看到不同季节、工况下，水在气态、液态间的转化，且能精准复述关键知识点，课堂测验显示相平衡核心概念的考查正确率超 80%。

② 思政素养培育：学生深入领会三峡蕴含的思政价值。在小组讨论“三峡移民精神”时，大家被移民顾全大局、舍小家为大家的事迹所触动，深切感受到集体主义的力量；从生态保护层面，认识到维持水生态平衡是践行绿色发展观的生动实践，超过 90%的学生在课程思政小论文里表达了对人与自然和谐共生的认同。

③ 实践思维启发：结合三峡工程实际问题，激发学生解决问题的动力。例如，探讨船闸水位相平衡维持方案，不少学生主动查阅资料、模拟计算，提出创新性改进建议，锻炼了工程思维与实操技能。部分方案展现出了独特视角，获专业教师好评。

但也存在以下不足之处：

① 专业深度把控不足：三峡工程涉及复杂工程力学、水文学与热力学交叉学科知识，讲解相平衡时，部分学生被高阶专业术语“困住”，如解释大坝深层岩体渗流相平衡中的“非饱和渗流理论”，学生理解困难，反映出教学内容不够简化，未能精准契合学生的知识储备。

② 思政融入生硬：虽融入了思政元素，但衔接生硬。讲述三峡建设者事迹时，单纯罗列故事，未深挖背后攻克相平衡技术难题的细节，导致学生难以从技术层面汲取精神力量；绿色发展观的灌输多停留于口号，未紧扣相平衡日常运维、技术升级，导致学生无法自主将思政与专业实操关联。

③ 教学方法单一：以教师讲授、视频展示为主，互动形式局限于小组讨论，新鲜感渐失。实地调研受条件限制无法全员参与，学生亲身体验匮乏；线上教学资源利用不足，缺少虚拟仿真实验，学生无法沉浸式感受三峡相平衡复杂机制，削弱了学习热情与探索欲。

6.6
参考案例与思政融合

6.6.1　参考案例1：“钢铁玫瑰”孙红梅与航天特种材料的相平衡突破

在航天领域，特种金属材料的焊接是决定航天器性能与寿命的关键环节，相平衡调控则是焊接能否成功的核心“密码”。内蒙古第一机械集团的孙红梅，便是手握这一密码的传奇人物，人称“钢铁玫瑰”。某新型运载火箭关键部件需耐高温、高强度的钛合金焊接，可钛合金熔点高、化学性质活泼，焊接时液态、固态金属相平衡极难维持，焊缝极易出现气孔、裂纹，国外技术封锁更是雪上加霜。孙红梅挺身而出，带领团队日夜钻研。她扎根车间，亲自上手操作，调整焊接电流、电压，把控氩气流量，精准维持气-液平衡；反复试验特种焊丝配方，优化金属熔滴过渡效果。历经无数次失败，孙红梅团队终于攻克难题，焊缝探伤合格率达98%以上。这一成果意义非凡，不仅为我国航天装备的自主研制扫平了障碍，更蕴含着深厚的思政价值。她彰显大国工匠精益求精、追求卓越的精神，诠释航天人科技强国、自立自强的信念；身为党员，她冲锋在前，用实际行动践行初心使命，为年轻一代树立了拼搏实干的典范，激励无数航天追梦人逐鹿星河。

6.6.2　参考案例2：格力董明珠力推空调绿色变革中的相平衡智慧

格力电器在董明珠的掌舵下，立志打破空调业能耗与环保困局。传统空调使用的氟利昂制冷剂，虽制冷效果立竿见影，但会破坏臭氧层，加剧温室效应，其背后是制冷剂相平衡与环保难以兼顾的难题。董明珠拍板组建了科研“攻坚营”，定下严苛目标：研发高效环保制冷剂，升级空调性能。研发团队争分夺秒，通过模拟不同工况下制冷剂的气 -液转化，测试新材料、新配方。为精准捕捉相平衡数据，实验室设备 24 小时连轴运转；工程师反复校准制冷系统的参数，调整蒸发器、冷凝器结构以适配新制冷剂。最终，多年心血浇灌出具有格力自主产权的新型制冷剂，制冷效率提升 15%，碳排放近乎归零。董明珠此举尽显企业家担当，契合绿色发展理念，引领行业转型升级；她展现出了果敢坚毅、不惧挑战的特质，诠释了“让世界爱上中国造”的豪情壮志，向全球传递中国企业的环保决心与科技实力。

参考文献

[1] 傅献彩，侯文华. 物理化学：上册[M]. 6 版. 北京：高等教育出版社，2022.

[2] 耿翠环，郭尧，薛元彬，等. 物理化学教学改革和创新应用型人才的培养[J]. 中文信息，2023(02)：133-135.

[3] 夏昌坤，陈敏，殷秀莲. 物理化学相平衡教学中的一点思考[J]. 当代教育实践与教学研究(电子刊)，2021(08)：267-268.

[4] 吕京美，冯彤英，汪烈焰，等. 全学分制下独立学院物理化学理论与实验教学体系改革[J]. 广州化工，2019，47(21)：3.

第7章

电动未来：揭秘电化学与绿色梦想的交汇点

——在“可逆电池及电动势”教学中融入课程思政的实践探索

专　　业： 化学/化学工程与工艺

授课对象： 化学专业/化学工程与工艺专业本科三年级学生

7.1 章节简介

电化学的研究内容广泛，从基础的电解质溶液理论、电极过程的动力学到电池、燃料电池和腐蚀等应用领域。电化学不仅在化学科学有广泛的应用，而且在材料科学、环境科学、能源科学和生物科学等多个学科中都有重要的应用。例如，在新能源材料的开发（如锂离子电池）、环境污染治理（如电化学降解有机污染物）、生物电化学（如生物传感器）等领域，电化学都起到了至关重要的作用。可逆电池及电动势是物理化学的重要章节，通过可逆电池及电动势的学习，学生可以了解到最新的科技发展动态和研究趋势，激发其对科学研究的兴趣和热情，为未来从事科研工作或相关行业的工作打下坚实的基础。我们将课程学习与思政相结合，旨在让学生扎实掌握专业知识，培养其创新意识，激发学生勇攀高峰的科学精神和爱国主义情怀，引导学生树立科研报国之志。

7.2 章节蕴含的思政元素分析

7.2.1 激发创新精神

电化学的应用，尤其是在新能源领域，充分展现了科技创新在推动国家向可持续发展迈进中的关键作用。以比亚迪刀片电池技术为例，这一电池技术的创新不仅大幅提升了新能源汽车的续航能力和安全性，而且标志着中国在全球新能源技术竞争中取得了显著成就。这种突破性技术的开发和应用，不仅为我国新能源产业的发展注入了强大动力，也彰显了科技创新在解决能源危机、实现“双碳”目标等社会关键问题中的决定性作用。通过深入学习电化学及其成功应用的案例，学生们能够深刻认识到科技创新的重要性，激发其创新精神和探索欲望，促进学生积极参与到国家科技进步和民族复兴的伟大事业中。

7.2.2 培养环保意识

电化学技术在环境检测、处理等方面的应用，凸显了科学技术在促进环境保护和实现可持续发展中的作用。比如，电化学水质检测仪利用电化学反应的原理，能够快速、准确地检测水中的化学污染物，如重金属离子、有机化合物及其他有害物质，为水质安全提供了强有力的保障。电化学水质检测技术的不断进步，将在确保公众健康、保护生态环境和推动可持续发展战略的实施中发挥越来越重要的作用。通过这一领域的学习，学生可以加深对环境问题的认识，增强生态文明建设的责任感，培养保护环境和人与自然和谐共生的价值观。

7.2.3 塑造科研道德和社会责任感

在科学研究领域，诚信和学术不端等问题损害了科学的严肃性，也为反思和讨论科研道德与社会责任提供了重要的案例。通过一些学术不端的案例分析，可以有效地引导学生建立正确的科研道德观，深刻理解科学家在推动社会进步中的重大责任。因此，培养学生具备负责任的科研态度和行为，对维护科学研究的诚信和促进社会健康发展具有至关重要的意义。

7.2.4 培养爱国情怀和国家意识

电化学及其在实际应用中的成功案例，特别是在国产电动汽车领域电池技术的显著进步，不仅体现了我们迈向科技强国的伟大目标，也展现了我国在追求自主创新和科技自立自强道路上的坚定步伐。例如，比亚迪的刀片电池技术，以及宁德时代在锂电池领域取得的突破性成果，这些都是中国在全球新能源汽车领域竞争力大幅提升的有力证明。通过深入了解这些突破和成就，学生不仅能够感受到来自国家科技进步的力量，更能激发出对祖国的深厚自豪感和归属感，进一步增强他们的家国情怀。这种科技成就背后的精神和价值观，是激励当前和未来一代青年投身科技创新、贡献自己力量的强大动力。

7.2.5　培养团队合作精神

电化学研究的深度与广度往往依赖于跨学科和多领域间的紧密协作，这既是对学生专业技能的全面挑战，也是对他们沟通能力和团队合作精神的重大考验。例如，在开发新一代电动汽车电池项目中，化学、物理、材料科学以及工程技术领域的科研人员必须紧密合作，共同解决电池能量密度、安全性和成本效益等复杂问题。通过这样的多元化团队项目合作，学生不仅能体会到团队合作的核心价值，还能在实践中锻炼和提升自己的各项能力。此外，这种跨学科合作的实践经历还能加深学生对人文关怀和社会责任的认识。以环境监测为例，电化学技术在监测和改善水质、空气质量方面的应用，需要科学家、工程师和社区居民之间的有效沟通与合作，共同实现环境保护与可持续发展的目标。通过参与这样的项目，学生能够深刻理解自己所学的知识和技能如何服务于社会并体现人文关怀，培养对于更广泛社会问题的责任感，从而为成长为具有全面发展视角的个体奠定坚实的基础。

7.2.6　教学中的思政结合点

参见表 7-1。

表 7-1　可逆电池及电动势教学中的思政结合点

专业知识点	思政元素	方法
可逆电池和电动势的基础知识	a. 增强生态文明建设的责任感； b. 树立保护环境、人与自然和谐共生的价值观	a. 案例教学：通过采用电化学在检测和治理污染方面的案例，比如，电化学水质检测仪利用电化学反应的原理，能够快速、准确地检测水中的化学污染物，如重金属离子、有机化合物及其他有害物质，为水质安全提供了强有力的保障。 b. 讨论与互动：组织学生就可逆电池和电动势的原理及其在环保等方面的应用进行小组讨论

续表

专业知识点	思政元素	方法
电化学热力学和电动势的应用	a. 强化“理论联系实际”“学以致用”意识； b. 激发学生的民族自豪感和创新精神	a. 案例教学：通过采用比亚迪、宁德时代等新能源行业领先企业的案例进行教学和课堂讨论，激发学生的民族自豪感和创新精神。 b. 讨论与互动：组织学生讨论新能源对我国能源发展的重要性
电极电势和电池电动势的计算与应用	a. 激发学生的家国意识和责任感； b. 树立可持续发展观； c. 实现科技自立自强	a. 案例分析法：选取具体的新能源项目或电化学储能技术应用案例，如某地区太阳能光伏发电项目，配合电化学储能系统的实施情况，让学生分析技术应用的效果和意义。 b. 讨论与互动：组织学生就新能源技术对国家能源战略的贡献、对环境保护的作用等话题进行小组讨论，提出自己的见解，促进思考和交流。 c. 角色扮演：设计情境模拟活动，如模拟国家能源管理部门决策过程，让学生扮演不同角色，探讨如何制定和实施新能源战略，增强学生的决策和实践能力
电动势的测定	a. 科研诚信的重要性； b. 科技进步与道德责任	a. 案例研究：选取科研不端的案例（如数据造假、结果篡改等）进行分析和讨论，让学生了解科研不端行为对科学发展和社会进步的负面影响。 b. 小组讨论：组织学生小组讨论电动势测定中可能遇到的实验误差和数据处理的挑战，以及如何通过坚守科研诚信原则来应对这些挑战。 c. 角色扮演：模拟科研伦理委员会，让学生扮演科学家、伦理学家、政策制定者等角色，审议一个关于电化学研究的造假案例，讨论如何平衡科学探索和科研诚信的关系

7.3 教学设计

7.3.1 教学章节

第九章　可逆电池的电动势及其应用

7.3.2　教学目标

7.3.2.1　知识目标

① 理解电动势的产生机理：学生应掌握电动势是如何产生的，包括电化学电池工作的基本原理、电极电势的形成以及电势差的产生机制等。

② 掌握电极电势和电池电动势的概念及计算：学生需要了解标准电极电势的定义、测定方法和应用，能够计算和预测电池的电动势，包括使用能斯特方程来计算非标准条件下的电池电动势。

7.3.2.2　能力目标

① 分析和解决问题的能力：培养学生运用电化学知识解释现象、分析问题和解决实际问题的能力，如能够分析不同电化学电池的工作原理和性能差异。

② 批判性思维能力：培养学生运用电化学原理进行批判性思考的能力，使其能够评估不同电池技术的优势与局限，并在多种实际应用情境中做出合理的技术选择和决策。

7.3.2.3　价值目标

① 科学精神的培养：通过学习电动势的产生机理和计算方法，培养学生严谨的科学态度和探究精神。

② 环保意识和社会责任感：通过讨论可逆电池等电化学技术在新能源、环境保护等领域的应用，引导学生理解科技发展与环境保护的关系，增强其环保意识和社会责任感。

③ 创新意识和解决问题的能力：鼓励学生通过学习电化学知识，不仅掌握理论和方法，更要激发创新思维，鼓励他们思考如何将电化学原理应用于解决现实生活中的能源和环境问题。

7.3.3　教学内容分析

7.3.3.1　教学内容

① 可逆电池和可逆电极的定义，电动势的测定，可逆电池的书写方法及电动势的取号。

② 可逆电池的热力学，电动势产生的机理，电极电势和电池电动势，电动势测定的应用。

7.3.3.2 教学重点

① 可逆电池和可逆电极的概念：理解可逆电池和可逆电极的定义及其在电化学中的重要性，这是理解电动势及其测定的基础。

② 电动势的测定方法：掌握电动势测定的实验方法和技术，了解如何准确测量电池的电动势，并能够正确书写可逆电池的符号表示式和电动势的取号规则。

③ 可逆电池的热力学：理解电动势与热力学参数（如 Gibbs 自由能）之间的关系，以及电动势如何反映化学反应的自发性。

④ 电极电势和电池电动势的计算与应用：深入理解电极电势的概念，掌握计算电池电动势的方法，包括能斯特方程的应用，以及如何利用电动势进行电化学反应的分析和预测。

7.3.3.3 教学难点

① 电动势产生的机理：涉及电化学平衡、离子迁移和电子转移过程等复杂的物理化学现象，学生可能难以完全理解这些过程的细节。

② 对可逆电池热力学的深入理解：将电动势与热力学量（如自由能变化）联系起来，理解它们之间的关系需要较强的热力学基础。

③ 电动势测定技术的应用：将电动势的测定技术应用于实际问题中，如电池材料的选择、电化学反应的可行性评估等，需要学生能够综合运用电化学原理和热力学知识来解决实际问题，这对学生的综合分析能力提出了较高的要求。

7.3.4 教学过程

7.3.4.1 引入阶段

① 活动设计：播放一段涵盖多个国产电动汽车品牌使用的高效电池技术的视频集锦，通过实际成果展示电化学技术的进步和成就。

② 动机激发：引入上述实例，讨论其对解决能源危机等全球性问题的贡献，引导学生认识到电化学技术与社会发展的密切联系，激发学生的学习兴趣和社会责任感。

7.3.4.2 知识讲解阶段

① 核心概念：采用互动式 PPT 和动画演示，详细讲解可逆电池的工作原理，包括电动势的产生机制、电极电势的定义及测定方法。

② 互动提问：设置快速问答和思考题环节，鼓励学生主动参与，通过实时在线投票或手举牌方式回答，提高课堂互动性，加深学生对概念的理解和记忆。

7.3.4.3　案例分析与讨论阶段

① 案例分析：详细介绍具体的国产电动汽车电池技术创新的案例，如某企业如何通过材料改进提升电池性能。

② 小组讨论：学生分组探讨电化学技术在其他新能源领域的应用，如太阳能转换、燃料电池等，并就其对社会经济发展的潜在影响进行分析，准备汇报展示。

7.3.4.4　情感态度与价值观引导阶段

① 价值引导：结合案例讨论，引导学生思考作为未来的化学工作者或科研人员，如何利用自己的专业知识为社会可持续发展做出贡献。

② 家国意识加强：通过讨论电化学技术的发展对国家能源安全和科技进步的重要性，培养学生的爱国情怀，积极投身于国家的科技创新事业。

7.3.4.5　总结与反馈阶段

① 课程总结：回顾本章的核心知识点，强调学生通过本次学习应掌握的理论知识和技能。

② 开放反馈：邀请学生提出疑问，教师根据问题进行针对性解答，同时鼓励学生课后深入探索，提供相关学习资源链接。

7.4
课外思考题

（1）新能源汽车电池技术的挑战与机遇

思考题：新能源汽车使用的电池技术目前面临哪些挑战？你认为未来的技术发展方向是什么？请结合电化学原理和当前的科技进展，讨论可能的解决方案和技术创新。

（2）电化学技术在环境保护中的应用

思考题：电化学技术如何被应用于环境监测和治理？请举例说明电化学技术在环境保护领域的具体应用，包括技术原理、应用效果和可能面临的问题。

（3）电动势与化学反应的自发性

思考题：电动势是如何反映一个化学反应的自发性的？请解释电动势正值和负值分别意味着什么，并举例说明电动势如何指导电化学反应的设计和优化。

（4）科研伦理在电化学研究中的重要性

思考题：为什么科研伦理对电化学及新能源技术的研究尤为重要？请讨论科研

诚信问题对科学研究和产业发展造成的影响，并提出促进科研诚信的建议。

（5）国家能源战略与电化学技术的关系

思考题：电化学技术在实现国家能源战略转型中扮演着什么角色？结合中国的能源需求和环境保护目标，分析电化学储能技术对促进能源结构优化和提升能源利用效率的贡献。

7.5 教学评价

本章的教学设计巧妙地结合了电化学的核心知识与富有启发性的教学方法，通过视频展示、动态图表、化学方程式解析及互动讨论等多元化的教学模式，实现了既轻松愉快又富有教育意义的教学效果。通过引入电动汽车、电池技术等现实案例，生动地展示了电化学在新能源发展中的应用，使学生对电化学的学习不再局限于理论知识，而是能够深刻理解其在实际生活和技术进步中的重要作用。通过引入实际案例、强化互动提问、引导价值观教育，以及设置课外思考题等方法，提高学生的专业知识水平，培养学生的创新意识、环保意识、家国意识、科研道德和社会责任感。

7.6 参考案例与思政融合

7.6.1 参考案例 1：比亚迪刀片电池与新能源汽车发展

在全球对环境保护和可持续发展的关注度日益攀升的大背景下，新能源汽车市场迎来了迅猛的增长态势。这一增长趋势背后，是消费者对新能源汽车续航里程、安全性以及充电速度等关键性能指标愈发严苛的要求。

当前市场主流的电池技术中，传统的三元锂电池在能量密度方面表现尚可，但饱受安全性问题的困扰，其热失控风险较高，给车辆的使用安全带来了极大的不确定性。与之相比，磷酸铁锂电池虽然在安全性上具有天然的优势，热稳定性良好，能够有效降低电池热失控的风险，但其能量密度相对较低，导致搭载该电池的车辆续航里程难以满足消费者日益增长的出行需求，在长距离行驶场景下显得力不从心。

比亚迪敏锐捕捉市场痛点与现有电池技术局限，秉持突破创新理念，将“高安全性与高能量密度兼具”作为核心研发目标，旨在填补市场空白、满足消费者核心诉求，基于这一战略方向，刀片电池应运而生。刀片电池延续磷酸铁锂技术路线，深度挖掘该材料高热稳定性的核心优势，从根源上降低热失控风险。在此基础上，通过迭代材料配方、优化制造工艺，摒弃传统电芯模组组装模式，将电芯改造为长薄“刀片”形态，以阵列形式直接集成于电池包壳体，省去中间模组环节。这种无模组设计大幅提升电池包空间利用率，相同体积下可容纳更多电芯，使能量密度达到高能量密度三元锂电池水平，彻底打破磷酸铁锂电池续航瓶颈——搭载该电池的车型续航突破 600km。

在安全性能方面，刀片电池经历了一系列堪称严苛的安全测试，涵盖了针刺测试、挤压测试、碰撞测试等。在极具挑战性的针刺测试中，刀片电池展现出了卓越的安全性，全程无明火、无烟，表面温度仅维持在 30℃到 60℃之间，表现得极为“冷静”。反观三元锂电池，在相同测试条件下则会陷入剧烈燃烧甚至爆炸的危险境地。这背后的原因主要有两点：一方面，刀片电池独特的结构设计使得其在遭遇短路等异常情况时，产热大幅减少且散热速度极快；另一方面，磷酸铁锂材料本身的热稳定性也在关键时刻发挥了重要作用，二者相辅相成，共同铸就了刀片电池卓越的安全性能。

针对磷酸铁锂电池低温性能不佳这一固有短板，比亚迪为刀片电池精心配备了一套更为科学、高效的热管理系统。该系统犹如一位智能“温控管家”，能够显著提高电池的换热效率。在零下 20℃的严寒环境下，刀片电池的放电能力依然能够保持在常温时的 90% 以上，从而确保了车辆在低温环境下电池性能的稳定输出，成功攻克了磷酸铁锂电池低温续航衰减的难题，使得车辆在寒冷天气下也能拥有可靠的续航表现。

得益于刀片电池在续航里程和安全性能等多方面的显著优势，比亚迪新能源汽车在市场竞争中脱颖而出。自 2020 年刀片电池正式发布以来，比亚迪新能源汽车的销量如同芝麻开花节节高，市场份额也稳步提升。成为新能源汽车市场中一颗璀璨的明星产品。

7.6.2　参考案例 2：中国电化学仪器的发展与创新

电化学分析技术源远流长且历久弥新。自 1791 年意大利医学教授伽伐尼（Luigi Galvani）偶然发现“动物电”现象起，这一技术便踏上了漫长的发展征程，历经两个多世纪的风雨洗礼，不断孕育出丰硕的成果，为科学的迅猛发展与社会的持续进步注入了强劲动力。而在中国，自改革开放的春风吹拂大地以来，电化学技术如同被点燃的引擎，开启了高速发展的新纪元，迅速渗透到化学、生命科学、材料科学、能源、环境保护等诸多领域，成为连接各学科领域协同发展的关键纽带与核心技术支撑。

中国电化学仪器的发展历程清晰地呈现出几个特色鲜明且具有标志性意义的阶段。

初始阶段（20世纪80年代），中国电化学仪器行业尚处于起步摸索期，由于国内相关技术基础薄弱，研发能力有限，在发展初期不得不主要依靠进口仪器设备来满足科研与生产需求。国内的研究工作也大多聚焦于基础电化学仪表领域，所采用的技术相对滞后，无论是仪器的精度、稳定性还是功能多样性，都与国际先进水平存在较大差距，只能在较为低端的应用场景中艰难前行，为后续的发展积累原始经验与技术沉淀。

然而，随着时代车轮滚滚向前，进入技术突破期（20世纪90年代），全球电子技术与计算机技术迎来了前所未有的革新浪潮。中国敏锐地捕捉到这一历史机遇，积极投身于电化学仪器的自主研发浪潮之中。借助电子技术的微型化、高精度化以及计算机技术强大的数据处理与控制能力，中国科研人员开始尝试将计算机控制与数据处理技术深度集成到电化学仪器之中。这一时期的努力实现了质的飞跃，不仅使得电化学仪器的测量精度得到了显著提升，而且在自动化控制、数据实时分析与处理等方面取得了重大突破，逐步缩小了与国际先进水平的差距，为中国电化学仪器产业的崛起奠定了坚实的技术基石。

到了产业升级期（2000年至今），中国电化学仪器产业步入了发展的快车道，迎来了全面的转型升级。在这一阶段，随着国内科技水平的整体提升、科研投入的持续加大以及产业链的不断完善，电化学仪器产品呈现出百花齐放的繁荣景象。产品种类日益丰富多样，从单一功能的电化学分析仪器逐步拓展到涵盖多参数、多领域应用的综合性仪器设备；功能上更是实现了智能化、集成化的重大跨越，能够自动识别样品特性、智能优化测量参数、实时进行数据处理与分析，并通过集成化设计将多种电化学分析方法融合于一体，极大地提高了仪器使用的便利性与分析效率。以辰华CHI系列电化学工作站为代表的一系列产品的问世，充分彰显了中国在电化学仪器核心技术研发与制造工艺上的掌控能力。这些产品不仅在国内市场占据重要地位，还逐步走向国际市场，与国际知名品牌展开竞争，标志着中国电化学仪器产业已经具备了强大的国际竞争力。

中国电化学仪器在发展过程中呈现出诸多显著特点：

创新驱动无疑是其发展的核心动力源泉。中国科研人员与企业始终秉持着创新精神，在电化学仪器的设计理念、技术原理、制造工艺等方面持续探索与突破。通过引入新型传感材料、优化电极结构设计、开发先进的信号检测与处理算法等一系列创新举措，不断提升仪器的性能指标，如提高测量灵敏度、降低检测限、拓展线性范围等。同时，增强了仪器的应用范围，使其能够适应更为复杂多样的样品分析需求，从常规的水质监测、金属离子检测逐步延伸到生物分子分析、新能源材料表征、药物研发过程中的电化学检测等前沿领域，为各行业的技术创新与发展提供了强有力的工具支撑。

自主品牌的崛起是中国电化学仪器发展的又一鲜明特征。在长期的技术积累与市场培育过程中，中国企业逐渐树立起了具有国际影响力的自主品牌形象。这些品牌以高品质的产品、完善的售后服务以及不断创新的技术研发能力赢得了国内外客户的广泛认可与信赖。它们不仅代表着中国电化学仪器产业在技术层面的成熟与进步，更是中国制造业从“制造大国”向“制造强国”转型过程中的一个生动缩影，体现了中国在高端仪器设备制造领域自主研发与品牌建设方面取得的巨大成就，有力地提升了中国在全球电化学仪器市场中的话语权与行业地位。

广泛应用则是中国电化学仪器发展成果的最直观体现。如今，中国生产的电化学仪器已经深入到社会经济发展的各个关键环节。在环境监测领域，用于大气污染物、水质污染物、土壤重金属等的快速准确检测，为环境保护政策的制定与实施提供了科学依据；在新能源开发领域，助力锂离子电池、燃料电池等新型能源材料与器件的研发和性能评估，推动新能源产业的技术升级与可持续发展；在医药检测领域，应用于药物成分分析、药物代谢动力学研究、生物传感器在疾病诊断中的应用等方面，为医药研发与临床诊断提供了精准高效的分析手段。这些广泛的应用场景不仅对推动各行业的技术进步与发展起到了关键作用，更对改善人民生活质量、保障公众健康与环境安全产生了深远而积极的影响。

综上所述，中国电化学仪器的发展历程既是一部技术不断进步、创新能力持续提升的奋斗史，也是中国科技自立自强伟大征程中的一个精彩篇章。展望未来，随着全球科技的日新月异，新一轮科技革命和产业变革蓄势待发，中国在电化学仪器领域凭借坚实的技术基础、强大的创新驱动力量以及不断拓展的市场应用前景，无疑将迎来更为广阔的发展空间与无限可能。中国电化学仪器产业有望继续在实现可持续发展目标的道路上奋勇前行，为建设科技强国、推动人类社会的文明进步贡献出更多的力量。

参考文献

[1] 陶磊明，乔杨，韩嘉达. 课程思政背景下电化学课程教学改革探索[J]. 高教学刊，2023，39(04)：129-132.

[2] 黄建花. 物理化学课程思政案例——电化学助力“碳达峰碳中和”[J]. 高教学刊，2024，10(26)：48-52.

[3] 袁汝明，吴平平，张来英，等. 报国赤心·守正创新·倾心育新——电动势法测定化学反应热力学函数实验的课程思政设计[J]. 大学化学，2024，39(04)：125-132.

[4] 林昌健，孙世刚，万立骏. 前言：庆祝田昭武院士90华诞专刊[J]. 中国科学：化学，2017，47(05)：503-506.

[5] 潘如丹. 电化学仪器研发的开拓者[J]. 质量与标准化，2013(12)：8-10.

第8章

电流的律动：探索极化与电解的科学之路

——在“电解与极化作用”教学中融入课程思政的实践探索

专　　业： 化学/化学工程与工艺

授课对象： 化学专业/化学工程与工艺专业本科三年级学生

8.1 章节简介

电解与极化作用章节深入讲解了电化学反应过程中电极表面的动力学特性，包括电极反应的机制、速率决定因素以及动力学理论。通过学习本章，学生将掌握电极动力学的核心原理，理解影响电极反应速率的主要因素，并学习如何应用电化学理论掌握电极反应行为。此外，在教学过程中通过介绍现代电化学实验技术，展示了电极动力学在防腐、节能等领域的应用，旨在培养学生的实验技能和创新能力。同时，结合中国在电化学技术发展方面的成就和挑战，融入课程思政元素，强调科技创新对国家发展的贡献，以激发学生的民族自豪感和科技创新的责任感，引导学生将个人发展与国家利益结合起来，积极投身于科学研究和技术创新工作中。

8.2 章节蕴含的思政元素分析

电解与极化作用章节通过对电极反应的动力学特性进行深入分析，不仅展现了电化学理论的科学魅力，而且蕴含了丰富的课程思政元素。特别是从腐蚀控制和新能源电池研发等角度出发，可以挖掘出多重与国家发展、科技创新及社会责任相关的教育价值。

8.2.1 培养科学精神和环保意识

腐蚀控制的研究展现了科学家对提高材料耐久性、保护资源的不懈追求。通过电极动力学理论，开发出更有效的防腐技术，体现了科学探索和技术创新的精神。

腐蚀问题不仅关系到国家重要基础设施的安全，还直接影响环境质量。讨论腐蚀控制在国家经济发展和环境保护中的作用，引导学生理解保护环境、服务国家发展的重要性，进而培养学生的社会责任感。

8.2.2 塑造科研兴趣和职业素养

新能源电池的研发直接支撑着全球能源结构的转型和可持续发展目标的实现。通过分析电极动力学在新能源电池，如锂离子电池、空气电池等研发中的应用，展示科技创新在促进绿色能源发展中的关键作用，激发学生对绿色能源科技的兴趣和追求。

讨论中国在新能源电池技术方面取得的成就，提升了国家的科技竞争力和国际地位。这不仅能够激发学生的民族自豪感，也能够激励他们投身于新能源科技研究，为国家的能源安全和科技进步贡献力量。

在新能源电池研发过程中，强调科研诚信、伦理和数据真实性的重要性，讨论科研过程中可能遇到的道德挑战。这有助于培养学生的科研伦理观念，引导他们在未来的科研工作中恪守诚信的原则。

综上所述，电解与极化作用章节为学生深入理解电化学原理和应用提供基础。教学过程中引入腐蚀控制和新能源电池研发的教学案例，有效地将知识教学与育人相结合，为培养德才兼备的新时代专业人才奠定了基础。

8.2.3 教学中的思政结合点

参见表 8-1。

表 8-1　电解与极化作用教学中的思政结合点

专业知识点	思政元素	方法
极化作用	a. 国家安全与材料保护； b. 科学探索精神与创新意识	a. 案例分析法：选取具体案例（如某种材料的腐蚀防护、新能源电池的研发等），分析极化作用的应用及其对社会、经济的贡献，引导学生讨论，深化对思政点的理解。 b. 翻转课堂：在课前让学生自主学习极化作用的基础知识，课堂上通过讨论、演示、互动问答等形式，深入探讨极化作用的原理、应用及其背后的思政意义，增强学生的主动学习和批判性思维能力
电解时电极上的竞争反应	a. 科学与技术的社会责任； b. 科学精神与方法论	a. 讨论与交流：组织学生就电解过程中的竞争反应进行小组讨论，鼓励学生提出自己的见解和疑问，通过交流思想，加深对科学研究过程中创新和团队协作重要性的理解。 b. 案例教学：选取实际案例（例如电解提炼金属、废水处理中的电解技术等），分析案例中的科技应用、环境影响及其解决方案，引导学生思考科技发展的社会责任和环境伦理。 c. 角色扮演和模拟实验：设计角色扮演游戏或模拟实验，让学生扮演研究人员、环保工程师等角色，解决虚拟场景中的电解竞争关系问题，通过这种互动方式提升学生解决问题的能力和团队协作能力。 d. 反思与总结：在课程的最后，组织学生进行反思和总结，分享学习过程中的收获、遇到的挑战和解决问题的经验，加深对学习内容和思政元素的理解
金属的电化学腐蚀、防腐与金属的钝化	a. 科技与环境的和谐发展； b. 科学精神与创新意识； c. 国家安全与材料保护； d. 工程伦理与社会责任	a. 案例分析法：选取相关的实际案例，如某桥梁的腐蚀问题及其防腐措施，或者某历史文物的腐蚀保护技术，让学生分析案例，探讨科技与环境、历史的关系，以及科技人员的社会责任。 b. 角色扮演与辩论：设置模拟场景，如一个关于是否采用特定防腐技术的决策会议，学生分角色扮演，通过角色扮演和辩论活动，学生可以从不同角度理解和探讨问题，增强其综合分析问题和解决问题的能力。 c. 讨论与反思：在讲解完相关技术和原理后，组织开放式讨论，鼓励学生分享对金属腐蚀与防腐技术在社会发展中作用的看法，以及作为未来工程师或科研人员可能承担的社会责任和伦理考量。 d. 专题论文：要求学生准备关于金属腐蚀防护技术及其对社会、环境影响的专题论文，通过准备和展示，深化学生对课程内容的理解和思考

续表

专业知识点	思政元素	方法
化学电源	a. 创新与科技进步； b. 能源转换与环境保护； c. 社会责任与伦理； d. 国家能源战略与自主创新	a. 案例分析法：通过分析化学电源技术的成功案例及失败案例，让学生了解科技创新的不确定性和挑战性，引发学生对科技发展与社会、环境责任的深入思考。 b. 小组讨论与报告：组织学生进行小组讨论，探讨化学电源在实际生活中的应用、面临的挑战和解决方案，例如电动汽车的普及、太阳能电池效率的提升等，每个小组准备报告并分享，促进交流与合作。 c. 项目导向学习：鼓励学生团队选择一个与化学电源相关的研究项目，从问题的提出到解决方案的设计、实验验证，再到成果的展示和讨论，全程参与，培养学生的实践能力和团队合作精神。 d. 角色扮演：设计角色扮演活动，如模拟一个化学电源技术评审会，学生扮演科学家、环保人士、政府官员等角色，从不同角度讨论技术的可行性、环境影响评估和伦理问题，增强学生多角度思考的能力。 e. 反思与总结：课程结束时，引导学生进行反思和总结，思考所学知识如何与个人成长、社会发展相结合，如何在未来的学习和工作中贯彻创新精神和社会责任

8.3 教学设计

8.3.1 教学章节

第十章　电解与极化作用

8.3.2 教学目标

8.3.2.1 知识目标

① 掌握极化的定义、类型（包括浓差极化和电化学极化）、过电势以及去极化的途径；

② 了解电化学动力学的基本概念，包括电极过程的速率和控制步骤；

③ 理解金属电化学腐蚀的机理和防护措施；

④ 了解化学电源的原理，包括电池、燃料电池的工作原理及其应用。

8.3.2.2　能力目标

① 能够分析电解过程中的阳极和阴极反应，以及识别极化现象。

② 学生应能够分析并识别金属在不同环境下（如酸性、碱性、盐水溶液中）的腐蚀机理，并培养学生根据腐蚀机理设计有效的防腐措施，如阴极保护、阳极保护、涂层保护、腐蚀抑制剂的使用等。

8.3.2.3　价值目标

① 科学精神：培养学生的探索欲望和批判性思维，鼓励学生在学习电化学过程中提出问题、敢于质疑和勇于探索；理解电化学在能源、环保等领域的应用价值，增强学生的环保意识和社会责任感。

② 创新意识：鼓励学生通过学习电解与极化作用，开拓思维，培养其解决复杂电化学问题的创新能力；激发学生对新能源技术和材料的兴趣，引导他们思考如何通过电化学技术解决现实问题。

③ 团队合作与沟通：通过小组讨论和合作项目，提升学生的团队协作能力；培养学生的沟通能力，尤其是在科学研究和项目展示中的表达能力。

8.3.3　教学内容分析

8.3.3.1　教学内容

① 分解电压、极化作用、电解时电极上的竞争反应。

② 金属的电化学腐蚀、防腐与金属的钝化，化学电源。

8.3.3.2　教学重点

① 理解分解电压的概念及其对电解过程的重要性；掌握极化的原理和类型，以及极化对电解过程的影响；理解电极上发生的竞争反应，包括如何确定哪个反应会发生。

② 金属腐蚀的电化学机制及影响因素；防腐技术的原理和方法，以及金属钝化的过程和机理。

③ 不同类型化学电源（原电池、二次电池、燃料电池等）的工作原理和应用。

8.3.3.3　教学难点

① 分析极化的成因，特别是电化学极化和浓差极化；如何使学生理解并掌握判断竞争反应发生条件的原理，特别是在复杂电解体系中。

② 如何根据不同的腐蚀环境和金属材料选择合适的防腐方法，特别是钝化技术

的应用条件和机理。

8.3.4 教学过程

8.3.4.1 引入阶段

① 活动内容：展示金属桥梁和海洋平台的腐蚀照片，引发学生兴趣。

② 目标：引起学生对金属腐蚀现象的好奇心和关注，并简要介绍腐蚀对工业和生活的影响。

8.3.4.2 知识讲解阶段

（1）讲解内容

① 电化学腐蚀基础：讲解金属腐蚀的电化学原理，包括阳极反应和阴极反应。

② 腐蚀类型：介绍常见的腐蚀类型，如均匀腐蚀、局部腐蚀、点蚀等。

③ 防腐技术：讲述包括防腐涂层、牺牲阳极保护、外加电流保护在内的防腐技术。

④ 金属的钝化：解释钝化过程及其在防腐中的作用和应用。

（2）目标

使学生掌握金属腐蚀的基本原理和常见防腐技术。

8.3.4.3 案例分析与讨论阶段

① 案例分析：海洋平台作为石油和天然气等海上资源开发的重要设施，其材料和结构在恶劣的海洋环境中经常面临严重的电化学腐蚀问题。海水的盐分、温度变化，以及海洋生物的附着等因素都会加速金属材料的腐蚀。因此，研究和应用有效的腐蚀防护措施对保障海洋平台的安全运营至关重要。

② 小组讨论：选择一个实际腐蚀案例（如钢铁桥梁腐蚀、海洋平台腐蚀等），分析腐蚀原因及采取的防腐措施。

目标：通过实际案例的分析，加深学生对腐蚀防护理论和实践应用的理解。

8.3.4.4 情感态度与价值观引导阶段

① 讨论：引导学生思考和讨论腐蚀防护在社会经济发展和环境保护中的重要性。

② 观点分享：鼓励学生分享对于材料保护工作的情感态度和价值观。

目标：培养学生的责任感和使命感，强调科技发展与环境保护的和谐共生。

8.3.4.5 总结与反馈阶段

① 总结：教师总结本次课程的核心内容，强调金属腐蚀和防腐技术的重要性。

② 反馈：学生提出疑问，教师进行解答，鼓励学生在未来的学习中深入探索相关领域。

③ 目标：巩固学生对金属电化学腐蚀、防腐与金属的钝化的理解，鼓励其持续学习和深入研究。

8.4
课外思考题

（1）创新应用探索方面

电解过程不仅限于实验室中的基础研究，它在工业生产和环境保护中也有广泛应用。请探索并描述一种将电解和极化作用原理应用于解决现实生活问题的创新方法，例如水处理、能源存储或材料制备等领域的应用，并简要说明其工作原理和潜在影响。

（2）跨学科融合思考方面

电解与极化作用的研究不仅仅局限于化学领域，它们与物理学、材料科学、环境科学等多个学科都有紧密联系。请选择一个与电解和极化作用相关的跨学科领域（如能源科技、环境保护、生物医学等），探讨这一领域中电解与极化作用的应用，以及这些应用如何促进了该领域的发展。

（3）科技与社会责任方面

随着科技的进步，电解技术和极化作用的研究在新能源开发、污水处理和资源回收等方面展现出了重要的价值。请思考并讨论，科学家在利用电解与极化作用技术解决社会问题时应考虑哪些伦理和社会责任问题？如何确保这些技术的发展既促进了科技进步，又保护了环境和社会福祉？

8.5
教学评价

本章内容安排合理，由浅入深，逐步引导学生理解从电解的基本概念到极化作用的复杂机理，再到电解与极化在实际应用中的重要性。教学案例紧贴实际，如海洋平台的腐蚀防护案例，不仅加深了学生对理论知识的理解，也增强了其解决实际问题的能力。通过引入阶段的照片展示、知识讲解阶段的互动问答、案例分析与讨论阶段的小组合作，以及情感态度与价值观引导阶段的深度讨论，有效地激发了学生的学习兴趣，提高了课堂互动性和学生课堂参与度。

本章教学采用了多种教学方法，包括但不限于讲授法、案例分析、小组讨论、角色扮演等，这些方法的应用使得课堂氛围活跃，极大地提升了学生的学习动力。特别是将思政教育与专业知识相结合，不仅提升了学生的专业技能，也培养了他们的社会责任感和创新意识。课外思考题和案例分析特别强调跨学科思考和创新，鼓励学生从不同角度审视问题，探索多种可能的解决方案。这样的教学设计有助于培养学生的批判性思维和创新能力，为他们将来的学术或职业生涯奠定了坚实的基础。

总的来说，本章不仅传授了专业知识，还通过各种教学活动提高了学生的参与度和互动性，有效培养了学生的批判性思维和创新能力。未来可以考虑进一步增加实验操作或现场观摩等实践环节，使学生能够更直观地理解电解与极化作用的原理和应用，从而提升教学效果。

8.6 参考案例与思政融合：腐蚀与防护

在我们的生活环境中，腐蚀是一种无处不在且影响深远的现象。金属腐蚀作为一个极具复杂性的跨学科研究领域，融合了金属学、物理化学、电化学等多学科知识体系，其本质通常是金属材料与周围环境之间发生化学或电化学反应而引发的自发演变过程。

从宏观层面来看，金属腐蚀涉及的范围极为广泛。在日常生活场景中，钢铁、铜、铝等常见金属材料时刻面临着被腐蚀的威胁，其损耗现象随处可见。而在工业领域，无论是化工、能源行业，还是城市基础设施建设等重要领域，金属腐蚀问题更是如影随形，所造成的经济损失巨大。2024 年，我国由腐蚀造成的直接经济损失达 4.02 万亿元，占全国 GDP 的 3%；其中金属腐蚀造成的损失约为 3.2 万亿元，占 GDP 的 2.3%。设备腐蚀引发的事故损失超过 4300 亿元；海洋平台腐蚀导致的原油泄漏治理费用每年约为 1200 亿元；制造业设备维修和停工造成的损失每年约为 8500 亿元。

腐蚀所带来的损害绝不仅仅局限于材料外观或性能的轻微下降，在严重情况下，它极有可能引发灾难性的安全事故，对人们的生命财产安全构成严重威胁。例如，1985 年日本的一架波音 747 客机，由于飞机机尾的应力腐蚀断裂而坠毁，造成 520 人死亡。2013 年青岛某输油管道因所处区域土壤盐碱化和地下水氯化物含量高而被腐蚀，引起爆炸，导致 62 人死亡，136 人受伤，直接经济损失 7.5 亿元。2024 年辽宁抚顺清原瑞鑫源矿业有限公司发生非法采矿坠罐事故，由于提升系统的钢丝绳及金属部件长期缺乏有效维护和检测而腐蚀严重——钢丝绳断丝、断股且未更换，双层罐笼下层损坏，最终导致钢丝绳断裂，造成 3 人遇难、1 人受伤。

回顾历史长河与现代社会，不乏诸多抵抗金属腐蚀的经典范例，这些案例犹如璀璨星辰，照亮了人类对抗腐蚀的征程。

8.6.1　参考案例 1：四羊方尊

四羊方尊作为商代晚期的青铜瑰宝，距今约 3000 年，1938 年出土于湖南宁乡炭河里遗址附近，现藏中国国家博物馆。其卓越的防腐性能是它能留存至今的关键。防腐的核心原因首先在于其合金成分：含铜 76.69%、锡 21.97%、铅 0.21%，加上锡形成的铜基合金能在表面生成致密氧化膜，有效阻隔氧气、水分等腐蚀物质。铅的存在不仅优化了铸造性能，还可能抑制腐蚀中的电化学反应。其次得益于保存环境与保护措施。长期深埋地下的稳定温湿度，避免了物理损害与加速腐蚀；土壤中矿物质与器表反应形成了保护膜。

8.6.2　参考案例 2：秦代青铜剑

秦代青铜剑在战国至秦代期间，其铸造技术在吴越剑的铸造技术基础上得到了显著的进步，推动古代青铜剑铸造技术达到了全新高度。这些剑相比之前的吴越剑，锡含量有所增加，这一改变不仅细化了金属的组织结构，还显著提升了其硬度和锋利度。值得称奇的是，这些剑的表面存在一层约 10 微米的含铬氧化膜，这种先进的铬盐氧化处理技术，在当时就展现出了远超同时代的科技成就。

8.6.3　参考案例 3：埃菲尔铁塔

埃菲尔铁塔，这座 1889 年竣工的巴黎地标，是钢铁材料大气腐蚀防护技术的经典案例。当时，为了防止腐蚀，使用了优质的红丹底漆，并以亚麻籽油和铅白作为面漆，后期还增添了赭石、氧化铁以及含云母的氧化铁涂料。这些措施共同保护了这座标志性建筑，使其得以久经风雨而依然屹立不倒。

8.6.4　参考案例 4：香港故宫文化博物馆

2022 年 7 月对公众开放的香港故宫文化博物馆，位于三面环海的独特地理位置，其建筑设计考虑到了海风对建筑材料的侵蚀问题。设计团队特意将钢材的镀锌厚度从标准的 50～75 微米提升至 140 微米，并优化了钢材中镍和铬的比例，这一策略有效增强了建筑的耐腐蚀性和稳定性，展现了现代防腐技术与文化遗产保护之间的完美结合。

参考文献

[1] 徐晓丹，周健文，孙宏阳，等. 新能源材料与器件专业导论中的课程思政——以“锂空气电池”为例[J]. 科教文汇(上旬刊)，2021(04)：95-97.

[2] 殷金玲，朱凯，赵婧. 新工科背景下电化学“互联网＋”课程思政探索[J]. 教育教学论坛，2024(34)：77-80.

[3] 和天逸，王海宁，梁皓哲，等. 青铜文物的腐蚀特征及防护策略研究[J]. 材料保护，2024，57(06)：96-101，112.

[4] 李伏虎，武成利，张晔，等. 新能源环境下“燃料电池”课程的教学与实践探索[J]. 安徽化工，2023，49(06)：145-147，151.

[5] 郑祯国，周衡. 化工防腐涂料在海洋桥梁钢结构中的应用[J]. 石化技术，2024，31(12)：127-129.

第 9 章

电解质溶液：科学原理与社会责任的融合实践

——在“电解质溶液”教学中融入课程思政的实践探索

专　　业：化学/化学工程与工艺

授课对象：化学专业/化学工程与工艺专业本科二年级学生

9.1 章节简介

电解质溶液是物理化学中的重要章节，主要涉及电解质在水溶液中的解离、导电性、离子平衡等基础概念与应用。在本章中，学生将深入理解电解质的基本特性及其在各种化学和生物过程中所扮演的关键角色。结合高校课堂“立德树人”的育人目标，本章节不仅传授科学知识，还将融入思政元素，帮助学生树立正确的价值观和社会责任感。例如，通过分析电解质溶液在环保和医疗领域中的应用，学生可以认识到科学技术在解决社会问题中的重要作用。此外，通过回顾电解质理论的发展历史，特别是中国科学家在该领域的贡献，增强学生的文化自信和民族自豪感。通过本章的学习，学生不仅能够理解电解质溶液的理论知识，更重要的是在此过程中培养科学精神、创新意识和社会责任感，逐步形成正确的世界观、人生观和价值观，为他们成为全面发展的社会主义建设者和接班人奠定坚实的基础。

9.2 章节蕴含的思政元素分析

9.2.1 培养爱国主义精神

电解质的电导率是电解质溶液中的重要概念，涉及电解质在溶液中的离子运动能力及其在电化学反应中的表现。电导率直接影响电解池、电池等电化学装置的性能，是电解质溶液实际应用的核心指标之一。随着电动汽车、智能设备和可再生能源的发展，市场对高性能电池的需求日益增加。电解质电导率的优化将是提升电池性能的关键技术。未来的研究将集中于开发具有更高电导率、更稳定、更安全的电解质材料，以推动电池技术的进一步革新。在物理化学课程中，教师可以通过讲解电池技术的发展历程，尤其是中国在该领域的自主创新历程，来激发学生的爱国情怀。教师也可以介绍中国科学家如何克服技术难题，打破国际垄断，使中国电池在全球市场中占据一席之地的故事。通过这些案例，学生不仅会理解电解质电导率在电池中的重要作用，还能认识到科技创新对国家发展和国际竞争力提升的重要性。这种教学方法可以让学生深刻体会到，国家的强盛不仅依赖于经济和军事力量，更依赖于科技自立和创新能力，激励学生在未来的学习和科研中，秉持科技报国的信念，为国家的科技进步贡献力量。

9.2.2 培养环保意识

电解质溶液在许多化学反应和工业过程中发挥着关键作用，尤其在废水处理、空气污染控制、电镀以及电池回收等环境保护领域具有重要应用。通过讲解这些实际应用，可以帮助学生领会科学技术在解决环境问题中的重要性，并在此过程中培养他们的环境保护意识、责任感和使命感。学生将认识到，化学知识不仅是理论的积累，更是解决实际问题，特别是在生态保护和可持续发展中的有效工具。通过将科学教育与思政教育有机融合，学生将在学习过程中成长为具有科学素养和社会责任感的新时代建设者。

9.2.3 培养社会责任感

电解质在人体内发挥着至关重要的作用，可维持体内的酸碱平衡、水盐平衡和神经肌肉功能等生理活动。电解质紊乱可能导致严重的健康问题，如脱水、电解质失衡、心律失常等。因此，在医学领域，电解质的研究和应用对维持人体健康至关重要。教师可以通过讲解电解质在医学中的具体应用，如输液治疗和电解质平衡的调节，来引导学生认识到医疗科学对社会健康的巨大影响。学生将理解，化学知识的掌握不仅是为个人学术发展服务，更是为了增进社会福祉、提高公共健康水平。通过这样的学习，学生能够认识到自己未来可能肩负的社会责任——利用科学技术，改善人类健康状况，服务社会。

通过“电解质在医学中的应用”这一主题，教师可以将科学知识与社会责任感的培养有机结合，帮助学生理解化学在维护人类健康中的重要作用。通过具体的医学案例和对社会责任的讨论，学生不仅能够掌握化学知识，还能加深对医疗科学和社会福祉的认识，培养他们成为有责任感、有科学素养的未来医护人员或科学工作者。

9.2.4　培养文化自信

在电解质理论的发展过程中，虽然许多关键概念和理论来自西方科学家，但中国古代化学和药物学在某些方面也有着相似的理论基础和实践经验。例如，中国古代在中药炮制中的提取技术和对矿物药材的处理涉及化学溶液和电解质的基本原理，这些技术为中医药的发展奠定了基础。在讲解电解质理论时，教师可以将西方科学的理论体系与中国古代的化学实践进行对比，帮助学生认识到中华民族在科学发展史上也做出了独特的贡献。教师可以介绍电解质理论发展的历史背景，强调这些理论在全球科学界的重要性，同时也要引导学生思考中国古代在相关领域的技术和知识积累，增强学生对中国古代科技成就的认同感，激发他们对中华文化的自信心。教师可以通过对比中西方在电解质研究中的不同思路，引导学生讨论科学发展中多样性和创新的重要性，使其认识到科学进步不仅仅是依赖于单一文化的成果，而是多元文化的相互融合与碰撞的结果。

通过这样的讨论，学生能够更深刻地理解科学研究的全球性和开放性，树立兼容并包、不断创新的科学精神。通过讲解电解质理论的发展历程，教师可以将科学知识与文化自信教育有机结合，帮助学生理解中西方科学文化的相互影响与融合。通过对比分析和历史回顾，学生不仅能够掌握电解质的相关知识，还能增强对中华文化的认同感和自信心，培养他们成为具备全球视野和民族自豪感的新时代人才。

9.2.5　教学中的思政结合点

参见表 9-1。

表 9-1　电解质溶液教学中的思政结合点

专业知识点	思政元素	方法
原电池和电解池，Faraday电解定律	电解质的电导率与爱国精神：理解中国在电池技术领域的自主创新历程，激发爱国情怀	a. 案例分析法：选取中国自主研发的高性能电池技术案例，如比亚迪电池技术的发展历程，介绍其在电导率优化方面的突破。通过对比国外技术垄断的情况，分析中国科学家如何通过自主创新打破技术壁垒，在全球市场中占据一席之地。学生将了解这一技术在提升电池性能和推动新能源产业中的重要作用，激发他们的民族自豪感和科技报国的精神。 b. 讨论与互动：组织学生讨论在全球电动汽车市场中，中国电池技术的崛起对国家能源安全和国际竞争力的影响。学生可以分组讨论，提出自己的见解，分享他们对科技创新如何助力国家发展的理解，增强他们对国家科技发展的责任感
离子的电迁移现象、电迁移率和迁移数	电解质在医学中的应用与社会责任：认识电解质在医学中的重要性，培养社会责任感	a. 案例分析法：选取离子迁移技术在医学诊断中的应用案例，如电解质失衡检测仪器，通过检测离子的电迁移率来判断患者的健康状况。通过分析技术的原理和在医学中的重要性，学生将理解该技术对患者健康的直接影响，以及在医疗科技中的应用价值。 b. 讨论与互动：组织学生讨论电解质平衡在人体健康中的作用及其与疾病诊断的关系。学生可以分组讨论，通过研究电解质失衡的临床案例，提出诊断和治疗方案，培养他们的社会责任感和医学伦理意识
电导、电导率、摩尔电导率	电解质理论的发展与文化自信：探讨中国古代化学在中药炮制中的应用，结合电解质理论的发展历程，增强民族自豪感	a. 案例分析法：选取中国古代在中药炮制中的典型技术案例，如"水飞法"中溶解和沉淀过程，分析其中隐含的电解质溶液原理。结合现代电解质理论，探讨古代技术与现代科学的联系。通过分析这些案例，学生将理解中国古代在化学领域的成就，以及这些成就如何与现代科学相呼应，增强他们对中华文化在科学领域贡献的自信心。 b. 讨论与互动：组织学生讨论中西方科学文化在电解质研究中的相互影响和融合。引导学生思考，如何在全球科学研究中既保持文化自信，又能吸收和融合其他文化的科学成果。学生将通过讨论理解科学的全球性和多元性，增强他们在传承和创新中华传统文化中的责任感和自豪感
电导率与浓度的关系，电导率测定的应用	电解质溶液与环境保护：探讨电导率测定在环保中的应用，增强环保意识	a. 案例分析法：利用蒙自市的酸性矿山废水处理案例，分析该地区多金属矿区的酸性废水问题，学生可以了解云南省矿产资源的开发现状以及由此带来的环境问题。通过分析酸性矿山废水的处理方法，增强学生对环境保护的重视和理解。学生将通过实际案例理解电解质溶液在酸性矿山废水处理中的关键作用，并学习如何将理论知识应用于解决地方性环境问题中。

续表

专业知识点	思政元素	方法
电导率与浓度的关系，电导率测定的应用	电解质溶液与环境保护：探讨电导率测定在环保中的应用，增强环保意识	b. 讨论与互动：组织学生讨论云南地区特殊的地质条件，如多金属矿藏的分布对酸性废水形成的影响，以及如何结合本地条件优化废水处理技术。学生将通过讨论认识到，环境治理必须因地制宜，才能取得最佳效果，增强学生对地方性环境问题的敏感性和责任感，培养他们提出切实可行的环保技术方案的能力。 c. 角色扮演：设计情境模拟，让学生扮演环保工程师、矿业公司代表和地方政府官员等角色，讨论如何在保护环境和发展经济之间找到平衡，并制定针对云南地区酸性矿山废水问题的解决方案。通过角色扮演，学生将加深对酸性矿山废水治理的理解，增强他们在地方环境保护中的参与意识和社会责任感

9.3 教学设计

9.3.1 教学章节

第八章　电解质溶液

9.3.2 教学目标

9.3.2.1 知识目标

① 理解电解质的基本概念：学生应掌握电解质和非电解质的定义、离子的电迁移率和迁移数、电解质溶液的电导、电解质的平均活度和平均活度因子。

② 掌握电解质溶液的导电应用：理解电解质溶液的导电应用，并能够运用电导解决生活、生产和科学研究中的计算问题。

9.3.2.2 能力目标

① 培养分析和解决问题的能力：通过具体的电解质溶液问题，培养学生分析溶液性质和解离过程的能力，并应用相关公式和原理解决实际问题。

② 增强创新思维和应用能力：鼓励学生将电解质理论应用于实际问题，如水质处理、药物开发等领域，培养他们的创新意识和科学研究能力。

9.3.2.3 价值目标

① 培养科学精神和社会责任感：通过讨论电解质在环境保护和医学中的应用，

培养学生的社会责任感，增强他们对环境保护和公共健康问题的关注。

② 增强文化自信和民族自豪感：通过学习电解质理论的发展历程，特别是中国古代化学在溶液处理和药材炮制中的应用，增强学生对中华民族科学传统的自信心和民族自豪感。

③ 树立正确的世界观、人生观和价值观：通过将电解质溶液的科学知识与社会需求相结合，培养学生认识到科学研究服务于社会和人类福祉的重要性，激发他们以科学技术服务社会、造福人类的崇高理想。

9.3.3 教学内容分析

9.3.3.1 教学内容

① 原电池和电解池，Faraday 电解定律，离子的电迁移现象，离子的电迁移率和迁移数。

② 电导、电导率、摩尔电导率，电导率、摩尔电导率与浓度的关系，电导率测定的应用。

9.3.3.2 教学重点

（1）原电池和电解池的基本原理

理解原电池的工作原理、电解池的逆反应过程以及两者在能量转换中的应用。掌握 Faraday 电解定律及其应用，理解电解过程中电量与物质的量之间的关系。

（2）电导率与浓度的关系

理解电导率、摩尔电导率的定义及其与溶液浓度的关系。掌握在不同浓度条件下，电导率和摩尔电导率的变化趋势，特别是强电解质和弱电解质的行为差异。

（3）电导率测定的应用

学会电导率测定的实验方法及其在实际中的应用，如电导滴定法和水质检测等。

9.3.3.3 教学难点

（1）离子的电迁移现象、电迁移率和迁移数

理解离子在电场中的迁移行为，以及如何通过电迁移率和迁移数描述不同离子在溶液中对导电的贡献。分析影响电迁移率的因素，如离子半径、溶剂化程度等，并理解如何计算迁移数。

（2）摩尔电导率的极限值与计算

掌握摩尔电导率的极限值及其计算方法，尤其是在溶液无限稀释条件下的应用。理解科尔劳施（Kohlrausch）定律，并能够应用此定律解决复杂电解质溶液的导电问题。

（3）电导率与浓度关系的复杂性

学会电导率测定的实验方法及其在实际中的应用，如电导滴定法和水质检测等。

9.3.4 教学过程

9.3.4.1 引入阶段

（1）活动设计

播放一段展示电导率测定在水质检测中应用的视频，内容包括如何通过电导率测定判断水体污染情况，如总溶解性固体（TDS）的测定。通过实际案例展示电导率测定技术在环境保护中的重要作用，引导学生思考，电导率测定不仅是实验室中的测量工具，还广泛应用于工业生产、环境检测等领域。让学生认识到电导与社会生活密切相关，激发他们的学习兴趣和探究精神。

（2）动机激发

讨论电导在工业和环保中的实际应用，例如在水质检测、电解工业中的重要性，以及如何利用这些技术保护环境和节约资源。通过讨论实际应用，学生将理解所学内容的实际价值和意义，增强他们的学习动力和社会责任感。

9.3.4.2 知识讲解阶段

（1）核心概念

① 互动式 PPT 与动画演示：使用互动式 PPT 和动画，详细讲解电导、电导率、摩尔电导率的基本概念。特别强调电导率与溶液浓度的关系，并通过动画展示不同浓度下电解质溶液的离子行为及其对电导率的影响。

② 举例说明：结合生活中的具体例子，例如电导测定在饮用水和海水中的不同应用，帮助学生形象地理解这些概念在不同环境下的表现。

（2）互动提问

① 快速问答：在讲解过程中设置快速问答环节，例如“在高浓度和低浓度下，电导率是如何变化的？为什么？”通过在线投票或手举牌的方式收集学生的答案，增强课堂互动性，并即时反馈学生的理解情况。

② 思考题：提出思考题让学生独立思考，如“为什么某些电解质的摩尔电导率在稀释时增加?”鼓励学生在课堂上积极参与，提高他们分析问题和归纳的能力。

9.3.4.3 案例分析与讨论阶段

（1）案例分析

详细介绍水质检测中电导率测定的应用：分析如何利用电导率测定技术检测河流中

的污染物含量，解释电导率与污染物浓度之间的关系。通过案例展示电导率测定在环保中的具体作用，帮助学生理解理论知识的实际应用。介绍如何通过电导率测定技术在不同浓度下区分强电解质和弱电解质，讨论这种技术在工业和环保领域的多样化应用。

（2）小组讨论

探讨电导率在其他领域的应用：学生可以分组讨论电导率在食品检测、制药行业中的应用，并分析这些应用对社会经济发展的潜在影响。每组准备汇报展示，进一步巩固所学知识并培养团队合作能力。鼓励学生思考如何改进电导率测定技术在实际应用中的效果，例如如何提高测定的准确性和效率，并提出具体的改进建议。

9.3.4.4 情感态度与价值观引导阶段

① 讨论如何利用所学知识为社会做贡献：结合案例讨论，引导学生思考作为未来的科学家或技术人员，如何利用电导率测定技术为环保事业做贡献，例如水质检测、工业废水处理等。通过这种讨论，激发学生的社会责任感和使命感。

② 讨论可持续发展与环保：通过讨论电导率测定技术在环境保护中的重要性，引导学生关注可持续发展，鼓励他们在未来的职业生涯中积极参与环保和资源节约工作。

③ 引导学生认识到科学技术对社会的影响：通过讨论电导率测定技术的应用，帮助学生认识到技术进步与社会发展的紧密联系，培养他们的社会责任感和职业道德感。

9.3.4.5 总结与反馈阶段

（1）课程总结

简要回顾本次课程的主要知识点，特别是电导率与浓度的关系、电导率测定的实际应用等内容。通过总结帮助学生系统化所学知识，确保他们对核心概念有清晰的理解。总结学生通过本节课应掌握的实验技能，如何准确测定电导率，以及如何分析实验数据并作出合理解释。

（2）开放反馈

邀请学生提出疑问，针对性地解答学生在学习过程中遇到的难题。提供相关学习资源和拓展阅读材料，鼓励学生课后进一步探索相关知识，以便他们加深对电导率测定技术及其应用的理解。

9.4 课外思考题

（1）溶解度和离子强度的关系

在一定温度下，向水中逐渐加入氯化钠时，溶液的电导率最初会增加；但当氯化钠的浓度继续增加时，电导率的增加趋势会减缓，甚至可能下降。请解释这一现象，并讨论溶解度与离子强度之间的关系如何影响溶液的电导率。

（2）强电解质与弱电解质的行为

强电解质与弱电解质在溶液中的解离程度不同，但为什么在稀溶液中，弱电解质的摩尔电导率随着浓度的降低而显著增加？请结合电解质溶液的理论解释这一现象，并举例说明该现象在实际应用中的影响。

（3）电导率测定在水质检测中的应用

电导测定广泛用于水质检测，特别是在检测总溶解性固体（TDS）和盐度中。请探讨电导率与水质污染之间的关系，并说明如何通过电导测定来判断水体的污染程度和安全性；考虑哪些因素可能影响电导率测定的准确性。

（4）电解质的电迁移率与电解工业

电解质的电迁移率在电解工业中至关重要，如在金属电镀、电解精炼等过程中。请解释电迁移率如何影响电解过程中离子的移动速度，并讨论如何通过调节电解液的组成和浓度来优化电解过程的效率。

9.5 教学评价

通过对“电解质溶液”章节的学习，学生总体上能够掌握电解质的基本概念，解离过程、导电性，以及离子平衡的基础知识。大多数学生能够正确理解电解质在水溶液中的行为特性，并应用这些知识分析化学和生物过程中的实际问题。对于涉及电导率、摩尔电导率与浓度关系的部分，学生在理解和应用上表现出一定的困难。部分学生在计算和实际应用中遇到了挑战，但通过案例分析和互动讨论，这些难点得到了较好的突破。

课堂采用的互动式 PPT、动画演示、案例分析、小组讨论等教学方法，显著提升了学生的参与度和学习积极性。学生在互动提问和小组讨论环节表现出较高的参与热情，课堂气氛活跃，达到了较好的教学效果。通过本章的学习，学生在将电解质理论应用于实际问题方面表现出了较强的能力，尤其是在水质检测、电解质在药物中的应用等实际案例中，学生能够灵活运用所学知识进行分析和推理。

“电解质溶液”章节的教学在知识传授、思政教育、课堂互动和学生能力提升等方面都取得了显著成效。未来可以进一步通过实践活动和案例分析，深化学生对电解质理论的理解和应用，培养他们成为具有科学素养和社会责任感的新时代人才。

9.6 参考案例与思政融合

9.6.1 参考案例1：中医药炮制中蕴含的现代理论

电解质理论的发展是物理化学中的一个重要里程碑，从最初的阿伦尼乌斯电离理论到现代复杂的离子行为和电导理论，这一过程经历了多个关键的科学发现和理论突破。在这个过程中，中国古代的化学和药物学也在许多方面展示了类似的思想和实践，为现代科学的发展提供了宝贵的历史参照。例如，中国古代的中药炮制技术，如水飞法（通过反复研磨、与水混合、沉降和漂浮等方法提纯药材），涉及了溶解度、沉淀反应、离子交换等电解质溶液的基本原理。矿物类药材的处理，如用醋处理朱砂，实际上是利用了酸碱反应和离子交换的原理来降低毒性和增强药效。在这些古代实践中，我们可以看到中国古人对物质性质的深刻理解，以及他们在科学研究中的独创性和实践性。虽然他们没有现代化学的概念和术语，但他们的经验和方法与现代科学的基本原理有着惊人的相似性。这些古代技术不仅为中医药的发展奠定了基础，也为后世的科学研究提供了启示。通过将电解质理论的发展与中华传统文化相结合，可以有效地在教学中融入思政元素，帮助学生树立科学精神和文化自信。

（1）溶解度与浸提

在中药炮制过程中，古人常通过水、酒或醋等溶剂来提取药材中的有效成分。这涉及到溶解度的原理，即某些化学物质在特定溶剂中溶解，从而被提取出来。药材中的有效成分在不同溶剂中的溶解性决定了其提取效率。这与溶液中电解质的溶解及其解离行为相关，例如盐类在水中的溶解。

（2）酸碱反应与中和

在处理矿物类药材（如硫黄、石膏等）时，古代医药中常使用酸、碱物质进行炮制，以去除有毒成分或改变药性。例如，用醋炮制某些矿物类药材，使其毒性减弱或改变其药性。这一过程涉及酸碱中和反应的基本原理，类似于酸碱反应中的离子交换与中和反应。例如，醋酸（弱酸）与矿物类药材中的碱性成分（如碳酸盐类）反应，生成水和盐类，降低了药材的毒性。

（3）沉淀反应

在某些药材的提取和净化过程中，古人常使用沉淀法来去除杂质。例如，用水飞法净化朱砂等矿物类药材，即通过不断加入水，使杂质沉淀、有效成分悬浮，最终得到纯净的药材。这一过程与现代化学中的沉淀反应类似，通过调节溶液的 pH 值或加入特定试剂，促使某些溶解性差的成分形成沉淀，从而分离出有效成分。沉淀反应在现代化学中广泛用于分离和纯化物质。

（4）电解质与溶液的导电性

虽然古人没有明确提出电解质的概念，但在中药炮制过程中，使用的溶剂常含有一定量的电解质，如盐水、酸性或碱性溶液。这些溶液中的离子能够影响药材的化学反应速率和提取效率。现代化学中，电解质在溶液中解离成离子，增加了溶液的导电性。这在化学反应中尤为重要，许多反应的速率和机制都与电解质的存在密切相关。中药炮制中使用含电解质的溶液，有助于加速药材中有效成分的提取和反应。

（5）氧化还原反应

在某些炮制方法中，矿物类药材如硫黄的处理涉及氧化或还原的过程。例如，硫黄需要通过加热或与其他物质反应，改变其化学形态，减少其毒性。其中涉及氧化还原反应的基本原理，即某些元素在化学反应中会改变其氧化态，从而改变物质的性质。这种处理方法可以通过控制反应条件来达到净化或改变药性的目的。

以上这些原理虽然在古代中医药理论中没有被明确描述为现代化学术语，但通过对古代炮制工艺的分析，我们可以看到这些过程实际上与现代化学中的溶液化学、电解质行为以及化学反应原理有着紧密的联系。这不仅体现了中国古代科学实践的智慧，也为现代科学的研究提供了宝贵的历史参考。通过将电解质理论的发展与中国古代的科学实践相结合，学生不仅能够深入理解电解质的基本概念和应用，还能够在学习过程中增强文化自信，树立正确的科学观和价值观。这种教学方法有效地将科学教育与思政教育相融合，有助于培养学生成为具有科学素养和社会责任感的新时代建设者。

9.6.2　参考案例 2：酸性矿山废水的处理

酸性矿山废水（acid mine drainage，AMD）是矿业活动中产生的一种严重的环境污染物。其形成主要来源于含硫矿石（如黄铁矿、硫铁矿等）在开采过程中与空气和水接触发生氧化反应，生成硫酸和金属离子。酸性矿山废水的酸性很强，pH 值通常低于 4，并含有大量的重金属（如铁、铅、锌、铜等）离子，如果不加处理直接排放，会对周围的水体、土壤及生态系统造成极大的破坏。

处理酸性矿山废水的核心在于中和其酸性并去除其中的重金属离子。常用的处理方法包括碱性物质的中和、氧化还原法、沉淀法和电解质法等。

（1）碱性中和法

最常见的处理方式是使用碱性物质，如熟石灰［$Ca(OH)_2$］、石灰石（$CaCO_3$）、氢氧化钠（NaOH）等中和酸性废水。这些碱性物质与废水中的硫酸发生反应，生成水和可沉淀的硫酸盐，从而降低废水的酸性并沉淀出重金属离子。例如：

$$Ca(OH)_2 + H_2SO_4 \longrightarrow CaSO_4 \cdot 2H_2O$$

$$Fe^{3+} + 3OH^- \longrightarrow Fe(OH)_3(\text{沉淀})$$

（2）电解质法

使用电解质溶液在酸性矿山废水处理中也具有重要作用。电解质可以提供足够的离子，使重金属离子在溶液中形成难溶的沉淀物，进而从废水中去除。例如，加入氯化钠（NaCl）溶液，能够通过调节废水的 pH 值及离子强度，促进金属离子的沉淀和去除。

在实际应用中，矿山企业通常会建设专门的废水处理设施，采用上述方法对酸性矿山废水进行处理。例如，在一些大型矿山中，采用熟石灰中和与电解质相结合的方式，能够有效降低废水的酸度，并将大部分重金属离子从废水中除去。处理后废水的 pH 值可以接近中性，符合环境排放标准，大大降低了对周围生态环境的威胁。

通过这个案例，教师可以向学生展示科学技术在解决重大环境问题中的重要性。酸性矿山废水的处理不仅是一个化学问题，更是一个与生态保护和可持续发展密切相关的社会问题。教师可以强调，矿业的发展必须与环境保护相协调，科技的进步应当服务于社会和生态的可持续发展。此外，这个案例还可以培养学生的社会责任感，让他们认识到，作为未来的科技工作者，他们有责任利用所学的知识来保护环境，促进社会的可持续发展。教师可以引导学生讨论如何通过科技创新来进一步提高废水处理的效率，降低处理成本，并探讨这些技术在其他环境保护领域的潜在应用。

参考文献

[1] 管潇翔，袁金芳. 课程思政融入高中化学教学——以“电解质的电离”为例[J]. 中学化学教学参考，2023(21)：38-40.

[2] 邓魁荣，刘争，范东华. “锂离子电池材料及应用”的课程思政——以“固态电解质”为例[J]. 科教导刊，2021(19)：87-89.

[3] 韩超凤，江怡珂，陈光日，等. 酸性矿山废水的再利用和资源回收研究进展[J]. 生态与资源，2024(10)：19-21.

[4] 王皓然. 广誉远：古法炮制与现代创新并蓄 共筑中医药高质量发展之路[N]. 经济参考报，2025-03-17(005).

第 10 章

速率密码：核废水排海中的反应速率理论应用

——在“化学动力学基础”教学中融入课程思政的实践探索

专　　业： 化学/化学工程与工艺

授课对象： 化学专业/化学工程与工艺专业本科二年级学生

10.1 章节简介

本章将系统介绍化学反应速率及其影响因素，重点讲解基元反应、速率方程、反应级数及测定方法，深入探讨温度与反应速率的阿伦尼乌斯关系。同时，阐述典型复杂反应（对峙、平行、连续反应）的动力学特征，并引入反应机理与速率控制步骤的概念。此外，本章将简要介绍碰撞理论、过渡态理论及催化作用的原理，为后续光化学、电化学等动力学应用奠定基础。

10.2 章节蕴含的思政元素分析

10.2.1 培养辩证思维能力

物理化学动力学理论往往是通过实验验证和应用进行检验的。培养学生将理论知识与实际实验相结合的能力，让他们能够理解理论的适用性和局限性，从而形成辩证的思考方式。物理化学动力学研究的是化学反应过程中的因果关系，包括反应条件对反应速率的影响、反应物浓度对反应速率的影响等。引导学生分析和理解其中的因果关系，有利于形成辩证思维。

学习物理化学动力学可以培养学生的辩证思维能力，使他们能够从多个角度思考和分析问题，形成全面、系统的认识。这种辩证思维能力不仅在物理化学领域具有重要意义，也对学生综合素质的提升和未来职业的发展具有重要意义。

10.2.2 培养环保意识

物理化学动力学可以帮助我们理解化学反应如何进行，以及如何优化反应条件以实现更高的效率和更小的环境影响。通过了解化学反应的动力学特性，可以设计出更有效的污染物处理方法，以减少化学污染物对环境的影响。这可以通过优化废水处理工艺、减少大气污染物排放等方式实现。在教学过程中，教师可以将物理化学动力学的概念与环保意识相结合，通过案例分析等方式向学生展示如何利用化学知识来解决环境问题，这有助于培养学生对环保的认识和责任感。

10.2.3 教学中的思政结合点

参见表 10-1。

表 10-1 教学中的思政结合点

专业知识点	思政元素	方法
化学反应速率的影响因素	不畏困难，刻苦钻研的精神	利用女科学家于吉红院士在分子筛催化剂领域刻苦研发的案例，采用课外导读等方式，引导学生学习科学家不畏困难、刻苦钻研的精神
放射性元素的半衰期	运用辩证唯物主义观点分析问题	通过观看视频，让学生了解核能发展和核废水排放对环境的影响，培养学生辩证地看待问题，课堂上让学生通过辩论赛的方式讨论如何看待日本核污水排海问题
化学反应级数	培养学生的社会责任感与文化自信	在讨论反应级数时，可以结合中国在化学领域的成就，如四川三星堆考古过程中化学反应速率方程的应用，以及药物释放与一级反应速率方程的应用，让学生明白化学知识不仅是书本上的“死知识”，而是可以产生有用价值的“活知识”。这样的案例可以增强学生的民族自豪感和爱国热情，同时实现科学精神和文化自信的引导与渗透

10.3 教学设计

10.3.1 教学章节

第十一章　化学动力学基础（一）

10.3.2 教学目标

10.3.2.1 知识目标

① 掌握化学动力学的基本概念和原理。

② 掌握化学反应速率的计算及其影响因素。

③ 了解具有简单级数的化学反应和准级反应，物理量与浓度的关系，以及反应级数的测定方法等。

④ 了解三种典型复杂反应（对峙反应、平行反应和连续反应）的特点。

⑤ 掌握 Arrhenius 方程的三种形式及其应用。

⑥ 了解活化能的概念。

10.3.2.2 能力目标

① 具备科学思维和建立物理化学模型的能力。

② 具备分析和解决科学问题的能力。

10.3.2.3 价值目标

① 通过案例设计，引导学生深入思考科学研究与社会发展之间的关系，培养学生的社会责任感和公民意识。学生在探究化学反应动力学的过程中，应该意识到科学研究的成果如何影响社会进步，并思考自己在其中的责任与担当。

② 通过案例讨论、辩论，培养辩证思维。

③ 在案例中强调化学反应动力学对环境和人类生活的影响，引导学生思考如何通过科学技术创新解决环境问题，培养他们的环保意识和社会责任感。学生应该认识到科学研究不仅仅是为了追求知识和技术的发展，更应该为了社会的可持续发展和人类福祉。

10.3.3 教学内容分析

10.3.3.1 教学内容

① 掌握化学反应速率的多种表示方法，包括用不同反应物或产物的浓度变化表示，以及各表示方法之间的换算关系。

② 理解基元反应的概念、特征及反应分子数的定义，清晰区分基元反应与非基元反应；掌握反应速率方程的一般形式，质量作用定律的适用范围及具体应用，明确反应级数和速率常数的物理意义。

③ 掌握具有简单级数的化学反应（如零级、一级、二级反应）的速率方程、积分形式、特征（包括半衰期公式及与反应物浓度的关系等），准级反应的特点及处理方法。

④ 理解物理量（如压力、体积、折射率等）与浓度的关系，以及如何利用这些物理量测定反应过程中物质的浓度变化；掌握常用的反应级数测定方法，如积分法、微分法、半衰期法等，包括各方法的原理和操作步骤。

10.3.3.2 教学重点

① 化学反应速率的多种表示方法及各表示方法之间的换算关系，这是进行反应速率相关计算和分析的基础。

② 基元反应与非基元反应的区分，质量作用定律的适用范围及具体应用，反应级数和速率常数的物理意义，这些是理解反应速率与反应物浓度关系的核心。

③ 零级、一级、二级等简单级数反应的速率方程、积分形式、特征及半衰期规律，准级反应的特点及处理方法，这些是解决实际反应速率问题的关键。

④ 利用物理量测定物质浓度变化的原理；积分法、微分法、半衰期法等反应级数测定方法的原理和操作步骤。

10.3.3.3 教学难点

① 反应级数与反应分子数的辨析。反应级数是宏观概念，可通过实验测定，可为分数、零或负数；反应分子数是微观概念，仅适用于基元反应，只能是正整数（1、2、3），学生易混淆两者的定义和意义。

② 复杂反应（对峙、平行、连续反应）速率方程的推导及浓度随时间的变化规律，涉及多步反应的相互作用，数学处理较为复杂，需要结合图像辅助分析。

③ 准级反应的处理原理及应用，学生难以理解为何过量反应物的浓度可视为常数并将反应降级。

④ 反应级数测定方法的灵活应用。不同方法有其适用条件和局限性，学生在面对具体实验数据时，难以选择合适的方法并准确处理数据。

10.3.4　教学过程

10.3.4.1　引入阶段

组织学生观看互联网上日本核废水排放的视频，通过演示教学法吸引学生的注意力，联系核废水排放中放射性元素的辐射对人类环境的影响，进入课堂主题。观看视频后，组织学生进行小组讨论，分享对视频内容的感受和看法，以及对核废水排放可能带来的环境影响的初步理解。通过情境模拟一个核废水排放的场景，让学生扮演不同的角色，如环境科学家、政府官员、渔民等，从不同角度探讨核废水排放的影响，增强学生的参与感和现实感。同时，提出一些引导性问题，如“核废水排放对海洋生物有哪些潜在影响?”“我们如何评估和应对这些影响?”等问题，激发学生的好奇心和探究欲。

10.3.4.2　知识讲解阶段

由“放射性核素的衰变”切入化学反应动力学。重点讲授一级、零级反应的特点，并结合简单级数反应在生活中的应用。重点讲授半衰期的概念，结合核废水排放中放射性元素的半衰期，让同学们深入了解半衰期的概念。例如，氚的半衰期为 12.33 年，这意味着如果氚进入人体，在未来近 13 年的时间里，它会一直在体内发出 β 射线，形成内照射危害。通过这一知识点的讲解，牢固树立学生的环保理念，激发学生保护环境的责任感，同时也培养他们的民族情怀与社会责任感。

在讲解过程中引入化学反应动力学的数学模型，如速率方程和积分方程，并教导学生如何通过实验数据来确定反应级数和速率常数。这些数学工具不仅能够帮助学生更好地理解化学反应的动力学特性，还能够培养他们的科学思维和解决问题的能力。

此外，我们还将讨论化学反应动力学在环境保护中的应用，如污染物的降解速率、温室气体的排放控制等。通过这些实际案例，学生可以了解到化学反应动力学不仅是一门科学，更是解决环境问题的重要工具。

10.3.4.3　案例分析与讨论阶段

深入探讨日本核废水排放的案例，并将其与化学反应动力学的专业知识相结合。首先，通过播放日本核废水排放的视频资料，引导学生开展一场辩论赛，以探讨日本核废水排海问题的多面性。辩论赛将分为正、反两方，正方将从技术可行性、经济效益和应急处理的角度出发，认为排放核废水是一种必要的措施。他们将讨论如何通过科学方法确保排放的废水达到安全标准，以及如何通过国际合作来监督排放过程，确保环境安全。反方则将从环境保护、生态平衡和人类健康的角度出发，强烈反对废水排放。他们将提出废水排放可能对海洋生态系统造成的长期影响，包括海洋生物的基因突变、生物多样性的减少以及渔业资源的破坏。反方还将强调公众对核污染的恐慌和不信任，以及这种恐慌对当地社区和全球经济的潜在影响。在辩论的过程中，引导学生运用化学反应动力学的知识，如半衰期和衰变规律，来分析放射性物质在环境中的行为和影响。例如，学生可以探讨不同放射性同位素的半衰期如何影响其在海洋中的扩散速度和范围，以及这些因素如何影响环境风险评估。

采用反转课堂提问方式，探讨全球核废水处理技术。组织学生讨论目前常用的核废水处理技术，如离子交换、共沉淀、反渗透等，以及这些技术的优、缺点和适用范围。鼓励学生提出自己的见解，分析这些技术在实际应用中的效果，以及它们如何帮助减少核废水对环境的影响。此外，引导学生思考如何通过技术创新来解决核废水处理的问题。例如，探讨新型材料在核废水处理中的应用，如吸附剂和催化剂，以及这些材料如何提高处理效率和降低成本。通过这种方式，学生不仅能够加深对化学反应动力学的理解，还能够培养环境意识和社会责任感。

总结辩论和讨论的结果，强调科学知识在解决环境问题中的重要性。鼓励学生思考如何将化学反应动力学的知识应用于实际问题，以及如何通过科学研究促进可持续发展和环境保护。通过这样的方式，引导学生将理论知识与现实世界的问题相结合，培养他们的批判性思维和创新能力。

10.3.4.4 情感态度与价值观引导阶段

通过演示教学法，引导学生思考日本核废水排放中放射性元素的辐射对全球环境的影响，引发他们的情感共鸣。

通过辩论赛的方式，引导学生探讨日本核废水排海问题，并思考核能利用对环境的影响与贡献，探讨如何平衡核能发展和环境保护之间的关系，提出可持续发展的建议和措施，培养学生的辩证思维。

通过提出问题，让学生思考水处理技术如离子交换、共沉淀、反渗透等的应用如何改善水环境，引导学生认识到水处理技术研发的重要性，培养他们保护环境的价值观。

通过这样的案例引导，学生不仅能够理解物理化学动力学的基本概念，还能够具备积极的情感态度和正确的价值观，将所学知识与社会责任紧密联系起来。

10.3.4.5　总结与反馈阶段

在总结与反馈阶段对本节课的教学效果进行评估。通过统计数据反馈可以发现，学生都能按时完成预期作业，慕课微视频的内容可促进学生对旧知识的复习和新知识的预习，课前的线上学习过程可以起到预热课堂的作用。通过课堂考勤和习题作业可以看出，学生对于物理化学课程的学习都能端正态度，从主观上有利于课程的推进。通过对课堂的观察可以发现，思政素材可以引发学生热切的讨论，由此可见在物理化学中引入课程思政，可以提升学生的学习兴趣与学习热情，帮助学生掌握并运用化学知识。

阶段检测成绩从客观上证明，蕴含课程思政理念的物理化学教学有利于学生对知识的理解和应用。经过对物理化学课程的改进，同学们在学习通、中国大学 MOOC 等平台上表达了自己对于课程的主观感悟。可见，通过这样的教学，我们不仅完成了专业知识的传授，也实现了全方位育人的教育目标。

这种教学模式不仅提高了学生的专业素养，而且通过思政元素的融入，增强了学生的国家意识和社会责任感，实现了知识传授与价值塑造的有机结合。通过这样的教学实践，我们能够培养出既有专业能力又有社会责任感的新一代化学人才，为社会的可持续发展做出贡献。

10.4
课外思考题

① 列举一些在日常生活和废水处理中具有一级反应特征的实例。

② 哪些因素可能会影响反应？温度、溶剂、催化剂等对反应机理有何影响？

③ 在药物制备过程中，需要进行各种化学反应以合成目标药物。化学动力学的研究如何帮助制药工程师控制药物的质量和产率，确保药物的有效性和安全性？

④ 在工程实践中，了解化学反应的半衰期对于设计反应器和优化工艺参数有何意义？思考如何利用半衰期提高工业生产效率和减少资源浪费。

10.5
教学评价

（1）教学效果

本节课采用了“观看日本核废水排放的视频—启发式问题引导—案例讲解—总

结知识”的策略，这种多维度的教学方法有效地加强了学生对本章重、难点知识的理解和掌握。视频直观展示了核废水排放的现场情况，激发了学生的好奇心和求知欲，为后续的教学活动打下了良好的基础。通过启发式的问题引导，学生开始主动思考核废水排放对环境和人类健康的影响，这种主动探索的过程有助于深化学生对知识的理解。案例讲解环节，通过具体分析核废水中的放射性物质及其潜在危害，学生能够将抽象的化学动力学知识与实际环境问题联系起来，增强了学习的实践性和应用性。最后，通过总结知识，帮助学生梳理和巩固了所学内容，达成了教学目标。

通过思政元素的融入，本节课不仅提高了教学质量，而且落实了立德树人的根本任务。学生在了解核废水排放的科学知识的同时，也培养了工程伦理思维和保护环境的意识。这种教学方式有助于学生形成正确的价值观，认识到作为未来的工程师或科学家，他们有责任和义务保护环境，为社会的可持续发展做出贡献。

（2）存在的问题

尽管本节课的教学效果显著，但也存在一些问题和不足。首先，过于单一的案例选择可能无法覆盖不同类型的学生群体，因此需要更多样化的案例来满足不同学生的需求和兴趣。每个学生的兴趣点和学习风格都有所不同，单一的案例可能无法充分激发所有学生的学习热情。因此，在未来的教学中，可以考虑引入更多与核废水排放相关的案例，如不同国家的核能政策、核事故处理方案、核废料处理技术等，以丰富教学内容，拓宽学生的视野。

其次，教学过程中对于学生反馈意见的收集和处理还不够充分。学生是教学活动的主体，他们的意见和反馈对于教学改进至关重要。在未来的教学中，可以设置更多的互动环节，鼓励学生提出问题和建议，及时调整教学策略，以更好地满足学生的学习需求。

最后，教学资源的利用还有待加强。除了视频和案例讲解外，还可以利用模拟软件、实验演示、小组讨论等多种教学资源和方法，使教学更加生动、有效。通过多样化的教学资源，可以提高学生的学习兴趣，增强他们的实践能力和创新思维。

总之，本节课的教学实践表明，将思政元素融入专业课程是提高教学质量、培养学生综合素质的有效途径。在未来的教学中，应继续探索和优化教学方法，充分利用多样化的教学资源，以实现更好的教学效果。同时，也要重视学生的反馈，不断调整和改进教学策略，以满足不同学生的需求，促进学生的全面发展。

10.6 参考案例与思政融合

10.6.1 参考案例 1：阿伦尼乌斯公式的实际应用

本章介绍了阿伦尼乌斯公式，是瑞典化学家阿伦尼乌斯所创立的化学反应速率常数随温度变化关系的经验公式。通过阿伦尼乌斯公式，我们可以引导学生深入理解温度变化对全球变暖的影响。全球气温的上升导致极端天气事件频发，海平面上升，以及南极和格陵兰岛冰盖融化，这些都对人类和生态系统产生了深远的影响。阿伦尼乌斯公式的应用不仅限于实验室，它还帮助我们预测和评估环境问题。例如，通过测量不同温度下的化学反应速率，可以推算出反应的活化能，这对理解全球变暖过程中的化学反应至关重要。在教学中，可以通过具体的科学案例，如蔗糖水解反应，来展示阿伦尼乌斯公式的实际应用。通过测量不同温度下的水解速率，学生可以亲身体验如何利用该公式计算反应的活化能，从而加深对全球变暖中化学反应的理解。

进一步讨论不同地区臭氧层的破坏情况。氯氟烃等化学物质的排放导致臭氧层被破坏，这不仅加剧了全球变暖，还对人类健康和生态系统造成了威胁。南极臭氧洞的形成就是一个典型的例子，它揭示了人类活动对环境的深远影响。

最后，通过讨论南极和北极海洋动物濒临灭绝的问题，可以引导学生认识到环境保护的紧迫性。全球变暖导致极地冰盖融化、海洋酸化，这直接影响了海洋生物的生存环境，许多物种因此面临灭绝的危险。

通过具体的案例和讨论，学生不仅能够理解阿伦尼乌斯公式的科学意义，还能够建立起对环境保护的深刻认识，从而在日常生活中采取行动，减少对环境的影响，为保护我们的地球贡献力量。

10.6.2 参考案例 2：福岛核电站核废水外排

2023 年 8 月 24 日，日本福岛第一核电站启动了核废水排海计划，这一行为引发了全球的广泛关注和担忧。根据海洋研究机构的预测，放射性物质在排放之日起 57 天内，将扩散至太平洋大部分区域，10 年内将蔓延至全球海域，潜在的危害难以估量。本案例采取“提出问题—学习知识—讨论问题”的教学策略以形成贯穿课堂的思政线，贯彻科学来源于生活并服务于生活的化学学科思想。在提出问题阶段，教师可以引导学生思考核废水排海对全球海洋环境和人类健康的潜在影响。例如，核废水中的放射性物质如何通过食物链影响海洋生物，进而影响人类健康。在学习知识阶段，学生可以了解到核废水中的放射性元素，如氚、碳-14、锶-90 等，以及它们对人体和环境的长期影响。这些放射性元素的半衰期从几年到几千年不等，意味着它们在环境中的残留时间极长，对生态系统的影响可能是灾难性的。在讨论问题阶段，学生可以探讨如何通过化学动力学的原理来评估核废水排海的影响。例如，放射性物质在海洋中的扩散可以通过动力学方程进行模拟，预测其在不同时间和空间的分布情况。此外，学生还可以讨论如何通过国际合作来监督和控制此类事件的发生，以及如何提高公众对核安全和环境保护的意识。

通过这个案例，学生不仅能够理解化学动力学知识在解决实际问题中的重要性，而且能够深刻认识到环境保护的紧迫性。这有助于学生树立环保意识，认识到每个人的行为都对全球环境有着不可忽视的影响，进而从日常生活中的点滴做起，为保护环境贡献一份力量。

参考文献

[1] 傅献彩，侯文华. 物理化学：下册[M]. 6 版. 北京：高等教育出版社，2022.

[2] 孙源，赵俭波，吕喜风，等. 思政元素融入催化反应动力学的物理化学教学设计[J]. 广东化工，2024，51(12)：202-204.

[3] 冯帅，范克栋，侯现明，等. 应用型本科高校物理化学混合教学模式的建设与实践[J]. 大学化学，2021，36(5)：7.

[4] 张霞忠，曹琨，黄文恒，等. 物理化学课程思政的探索与设计[J]. 商丘师范学院学报，2023(12)：93-95.

第 11 章

催化之钥：合成氨工艺中的动力学原理与创新启示

——蕴含课程思政理念的“化学动力学”教学

专　　业：化学/化学工程与工艺

授课对象：化学专业/化学工程与工艺专业本科二年级学生

11.1 章节简介

温度对反应速度的影响是物理化学中化学动力学基础的重要章节，主要涉及温度与反应速率间的定性规律、定量关系及相关理论解释。在本章节中，先从实验现象出发，介绍范特霍夫经验规则；再分析速率与温度的五种典型关系，其中指数型最为常见；重点讲解阿伦尼乌斯理论及阿伦尼乌斯公式，揭示活化能的物理意义，以及如何通过公式计算活化能和不同温度下的速率常数。

通过本章的学习，学生可掌握温度影响反应速率的规律与计算方法，理解从经验总结到理论构建的科学思维过程。同时，能认识到科学理论对工业生产等实际应用的指导价值，培养严谨求实的科学态度和服务社会的责任意识，体会物理化学学科在推动技术进步与可持续发展中的重要作用。

11.2 章节蕴含的思政元素分析

11.2.1 培养辩证思维能力

物理化学动力学既包括定性分析，如反应速率、反应机理等方面的描述，也包括定量分析，如速率常数、反应动力学方程等的建立。培养学生同时进行定性和定量分析的能力，使他们能够从多个角度理解和解决问题，从而具备辩证思维。物理化学动力学研究的是化学反应过程中的因果关系，包括反应条件对反应速率的影响、反应物浓度对反应速率的影响等。培养学生分析和理解因果关系，从而形成辩证的思考方式。这种辩证思维能力不仅在物理化学领域具有重要意义，也对学生综合素质的提升和未来职业的发展具有重要意义。

11.2.2 培养环保意识

通过研究绿色化学反应的动力学特性，可以开发出更环保的化学工艺。这可以通过优化废水处理工艺、减少大气污染物排放等方式实现。在教学过程中，可以将物理化学动力学的概念与环保意识相结合，通过案例分析等方式向学生展示如何利用化学知识来解决环境问题，这有助于培养学生对环保的认识和责任感。

11.2.3 教学中的思政结合点

参见表 11-1。

表 11-1 教学中的思政结合点

专业知识点	思政元素	方法
化学反应速率的影响因素	通过《蒙特利尔议定书》的成功案例，培养全球视野和合作精神	通过讨论，学习臭氧空洞的危害。臭氧空洞的形成主要是由于氯氟烃和其他卤化物的排放，这些物质在高空分解后释放氯原子，破坏臭氧分子。每年春季，南极地区的臭氧空洞尤为严重，这一现象对环境和生态系统具有广泛的影响，包括提高紫外线辐射、影响人类健康和生态平衡。臭氧空洞的形成与化学反应动力学密切相关。臭氧层的破坏过程主要涉及一系列复杂的化学反应，这些反应的速率和机制可以通过化学动力学来解释。通过化学反应动力学的研究，我们可以更准确地预测臭氧空洞的变化趋势，并为制定有效的环境保护政策提供科学依据。1987 年签署的《蒙特利尔议定书》成功地推动了国际社会减少和淘汰臭氧消耗物质的使用，展示了全球合作在环境保护中的重要性

续表

专业知识点	思政元素	方法
化学反应速率常数	科技创新对科学进步和社会发展的关键作用	飞秒激光化学在化学动力学领域的应用促进了人们对超快化学过程的深入了解，推动了对反应机制、分子动态和催化过程的认识。通过这些应用，科学家能够在极短的时间尺度上观察和控制化学反应，为化学和材料科学的进步提供了强有力的工具
化学反应动力学中的速率控制步骤	刻苦钻研的科研精神、环保意识	通过讨论，学习在连续反应中总反应速率由最慢一步的反应速率所决定，并近似等于该步反应的速率，这一最慢步骤称为速控步。这个概念很容易使人联想到“木桶效应”，即一个木桶能盛装多少水，不是由最长板决定，而取决于构成木桶的最短板。这也启示人们，对团队来讲，团队的成绩是集体中每个成员表现的总和，每个成员都应积极贡献自己的力量，争做长板，不做给集体抹黑、拖后腿的短板；对个人来讲，每个人都是一个矛盾的集合体，优点和缺点共存，缺点常常是阻碍前进的绊脚石，发扬优点、克服缺点，才能真正提高自己、完善自己
阿伦尼乌斯公式	环保意识	阿伦尼乌斯公式主要阐述的是温度对反应速率的影响，通过观看全球变暖带来的危害视频，引导学生思考，让学生查阅相关资料，分析全球变暖的原因，进而增强环保意识

11.3 教学设计

11.3.1 教学章节

李松林编著的《物理化学》第七版下册中第十一章化学动力学第 4 节温度对反应速率的影响。

11.3.2 教学目标

11.3.2.1 知识目标

① 清晰理解温度对化学反应速率影响的基本规律。

② 了解阿伦尼乌斯方程的三种形式。

③ 深入理解活化能的概念及其与反应速率和温度之间的内在联系。

④ 了解不同类型反应（如基元反应、复杂反应）的速率受温度影响的差异。

⑤ 知晓温度对反应机理可能产生的影响，以及如何通过温度变化判断反应机理的可能性。

11.3.2.2 能力目标

① 具备通过实验数据探究温度对反应速率的影响规律的能力，能够设计简单的实验方案。

② 具备综合分析温度、活化能、反应速率之间关系的能力，形成科学的思维方式。

11.3.2.3 价值目标

① 通过了解温度对反应速率的影响在工业生产中的应用，引导学生认识到科学知识对提高生产效率、降低能耗的重要性，培养学生的工程意识和实践精神。

② 结合全球变暖等环境问题中温度对化学反应速率的影响，引导学生思考如何运用所学知识应对环境挑战，增强学生的环保意识和社会责任感。

③ 通过学习科学家在探索温度对反应速率影响规律过程中的努力和成果，培养学生勇于探索、追求真理的科学精神和创新意识。

11.3.3 教学内容分析

11.3.3.1 教学内容

① 温度对反应速率影响的实验事实和基本规律，包括不同温度下反应速率常数的变化趋势。

② 阿伦尼乌斯方程的三种表达形式（指数式、对数式、定积分式）及其物理意义。

③ 活化能的概念、物理意义，以及活化能与反应速率、温度之间的关系。

④ 温度对反应机理的影响，以及如何根据温度对反应速率的影响判断反应是否为基元反应。

⑤ 实际工业生产中利用温度调控反应速率的案例，如合成氨反应中温度的选择等。

11.3.3.2 教学重点

① 阿伦尼乌斯方程的三种形式及其应用。

② 活化能的概念及其对反应速率的影响，理解活化能与温度对反应速率影响程度的关系。

③ 温度对反应速率影响的基本规律，以及在实际中的应用。

11.3.3.3　教学难点

① 理解阿伦尼乌斯方程中各参数的物理意义。

② 活化能的本质及其与反应机理的关系，学生难以直观理解活化能对反应速率的影响机制。

③ 如何根据实验数据准确确定反应的活化能，以及分析温度对复杂反应速率的影响。

11.3.4　教学过程

11.3.4.1　引入阶段

2007 年诺贝尔化学奖颁给了德国化学家格哈德·埃特尔，表彰理由是他发现了哈伯-博施法合成氨的作用机理，并以此推动了表面化学动力学的发展。目前工业上合成氨广泛采用的是哈伯-博施（Haber-Bosch）法，也就是氮气与氢气在高温（>673K）、高压（>70MPa）、催化剂（铁）的作用下发生化合生成氨。该工艺能耗较高，全世界用于合成氨的能源消耗占全球能源消耗的 1%～2%。因此，寻找高性能、低成本的催化剂以实现温和条件下合成氨是未来化工领域的重要研究方向。基于“合成氨”这一生动的案例，我们能够更加完善地改进“化学动力学”相关内容的教学过程。

在教学中可以引入科学家哈伯和博施的故事，例如，他们是如何通过不懈的努力和创新，解决了合成氨过程中的技术难题，最终实现了合成氨的工业化生产。这不仅是一个科学成就，也是人类智慧和毅力的象征。同时，也可以讨论合成氨在农业生产中的重要性，以及合成氨如何帮助解决全球粮食问题，这体现了化学科学在社会发展中的关键作用。

11.3.4.2　知识讲解阶段

在具体内容上，采用案例教学策略讲授基本原理。介绍合成氨反应的详细机制，包括反应物的转化过程和催化剂的作用。讨论影响合成氨反应速率的主要因素，如温度、压力和催化剂。总结化学动力学的关键概念和如何应用于合成氨反应中。强调速率方程和反应机理在实际工业中的重要性。引导学生讨论如何将化学动力学理论应用于其他化学反应的分析中，培养他们将所学知识与实际问题相联系的能力。这种将理论与实际相结合的教学方法，有助于学生深入理解化学动力学的核心概念，并激发他们对化学学科的兴趣。

11.3.4.3　案例分析与讨论阶段

这一阶段主要是深入分析合成氨的物理化学原理，并讨论其在工业生产中的应用。首先，探讨合成氨反应的限度，即在不同温度和压强下，反应达到平衡时氨的含量。通过分析反应的焓变和熵变，可以确定合成氨反应在298K时是可以自发进行的放热反应，且为气体物质的量减小的熵减反应。降低温度、增大压强将有利于化学平衡向生成氨的方向移动。

接着讨论合成氨反应的速率。实验研究表明，在特定条件下，合成氨反应的速率与参与反应的物质浓度的关系式为 $v=k\cdot[N_2]^1[H_2]^{1.5}[NH_3]^{-1}$。根据该关系式，可以分析各物质的浓度对反应速率的影响，并探讨提高反应速率的措施，如升高温度、增大压强、使用高效催化剂等。

最后讨论合成氨的适宜条件。结合生产实际，适宜的合成氨条件为：铁催化剂，700K左右的反应温度，根据反应器选择压强，以及氮气与氢气的体积比为1∶2.8。通过这些讨论，学生可以更好地理解化学反应的条件对工业生产的影响，以及如何在实际生产中优化这些条件以提高效率和降低成本。这种案例分析与讨论的教学方法，不仅能够加深学生对化学动力学知识的理解，还能培养他们的批判性思维和解决问题的能力，同时也能够激发他们对化学科学的兴趣和探索欲。

11.3.4.4 情感态度与价值观引导阶段

让学生认识到合成氨的生产不仅限于一个国家或地区，它具有全球化的背景。科技创新和环境保护需要国际社会的共同努力，塑造学生的全球视野与合作精神。

老师可以提出问题，让学生讨论现有合成氨生产中存在的问题是什么。合成氨虽然对农业有重要作用，但也带来了环境问题，例如高能耗和二氧化碳排放。绿色化学和环境保护成为当今科技发展的重要方向。许多研究者正在寻找更为环保的催化剂和绿色生产工艺，以减少生产过程中的能源消耗和环境污染。引导学生在学习物理化学知识的同时，关注科技创新对环境和社会的影响，培养负责任的科学态度。

通过这样的案例引导，学生不仅能够理解物理化学动力学的基本概念，还能培养积极的情感态度和正确的价值观，将所学知识与社会责任紧密联系起来。

11.3.4.5 总结与反馈阶段

在通过此案例进行教学时，教师和学生充分互动，适当引入思政元素，能够让学生更加清楚地认识到所学知识的重要性，显著提高学生的理解程度和学习热情，同时也促进学生掌握科学研究所需具备的基本素质。在课程思政教学过程中，教师应清楚地认识到无论是常规教学还是课程思政教学，最终都要回归课程内容，讲授基本原理。所以，教师在进行课程思政教学时，应该在原先课程体系的基础上切入课程思政要点，在稍作延伸的同时，不应过度扩展甚至与知识要点相冲突。教师需要始终坚持课程思政育人和知识要点讲授的协调与统一。

11.4 课外思考题

① 哈伯-博施法如何有效地利用氢气和氮气这两种丰富的资源？如何在生产过程中减少能源消耗？

② 这种合成氨的方法对环境有何影响？如何降低或减少氨合成过程中产生的副产物和污染物？

③ 如何平衡经济发展与环境保护之间的关系？如何在化学工业中实现可持续发展？

④ 如何利用化学动力学的原理来设计新型催化剂，以提高合成氨反应的效率和选择性，同时减少能源消耗和副产物的生成？

⑤ 通过化学动力学分析，如何确定合成氨反应的最佳条件，以实现最大的产率和最小的环境影响？请考虑温度、压力和催化剂活性对反应速率和平衡的影响。

11.5 教学评价

（1）教学效果

引入实际案例，引导学生讨论并分析这些案例中的思政问题，提高了课堂的互动性。通过提出与思政相关的问题，激发学生思考和讨论，增强了他们对课程内容的理解和兴趣。通过思政元素的融入，提高了教学质量，落实了立德树人的根本任务。

（2）存在的问题

教师需要挖掘更多课程教学内容蕴含的思政教育元素，将其贴切地与教学内容融合在一起，顺其自然，接上“地气”，不仅可以提高学生对物理化学理论课程的学习兴趣，还可以达到潜移默化开展思政教育的目的。作为物理化学任课教师，根据所选教材，挖掘并引入适当的思政元素，引导学生树立正确的价值观，培养学生的责任感，为新时期学生的成长成才奠定基础，将来为实现中华民族伟大复兴贡献自己的力量。

在物理化学课程中引入哈伯-博施法合成氨作为思政案例的教学实践，取得了显著的成效。通过详细讲解哈伯-博施法的原理、工艺和技术，学生不仅深入理解了合成氨的催化反应机制和热力学平衡，还认识到这一技术对全球农业和粮食安全的巨大贡献。哈伯-博施法的成功应用不仅推动了化肥工业的发展，极大提高了农业生产效率，还有效满足了全球人口的粮食需求，展示了科学技术在解决人类重大社会问题中的关键作用。在教学中，教师结合这一技术的历史背景，强调了科学家在推动技术进步过程中所承担的社会责任和环境影响，引导学生思考科技创新对社会发展的积极影响及其工程伦理方面的考量。这种将科学技术与社会责任相结合的教学方式，增强了学生对科技进步与社会发展的理解，提升了他们的批判性思维和责任感。通过分析哈伯-博施法的社会、经济和环境影响，学生不仅掌握了物理化学的核心知识，还树立了科学技术应服务于人类福祉的价值观，培养了学生的综合素质和社会责任感，为未来的学术和职业生涯打下了坚实的基础。

11.6 参考案例与思政融合

11.6.1 参考案例 1：中国化学动力学的战略科学家——张存浩院士

张存浩院士是一位将国家需求与科学前沿完美结合的战略科学家。新中国成立之初，百业待兴，国防安全急需具有自主知识产权的火箭推进技术，而其中的核心科学问题之一就是燃烧过程的化学反应动力学。当时，正在美国从事前沿研究的张存浩院士怀抱着“一寸赤心惟报国”的信念，毅然放弃个人已有的学术方向和发展前景，克服重重阻力回到祖国。他深刻地认识到，一个国家的强大必须建立在坚实的科技基础之上，而化学动力学正是解开高效能燃烧、爆炸、合成等过程奥秘的钥匙。面对“国外封锁、国内空白”的极端困难条件，张存浩院士如同一位在微观世界披荆斩棘的“侦探”，他要做的是在分子层面“看清”化学反应是如何一步骤一步骤发生的，速率如何，能量如何传递。他领导团队白手起家，自主设计、建造了中国第一批分子束化学激光、红外化学发光等尖端实验装置。这些装置就像一台台超高速的“分子摄像机”，能够捕捉到以皮秒（万亿分之一秒）甚至飞秒（千万亿分之一秒）计算的反应过程，测量出关键基元反应的速率常数。他在化学动力学领域，特别是分子反应动力学方面的开创性工作，为我们揭示了化学反应在微观世界的瞬间景象，为国防安全和能源事业做出了不可磨灭的贡献。

11.6.2　参考案例 2：中国催化剂领域的杰出科学家——闵恩泽院士

中国催化剂领域的杰出科学家闵恩泽院士的事迹不仅促进了学生对催化剂科学的深入理解，也为思政教育提供了丰富的素材。闵恩泽院士在催化剂领域的卓越成就，展现了科学家如何将创新与社会责任结合起来，将其融入课程教学对思想政治教育具有重要意义。闵恩泽院士的研究主要集中在催化剂的开发和应用上，他在石油炼制催化剂方面的突破，大大提高了汽车尾气处理技术的效率，减少了有害气体的排放，显著改善了空气质量。这一成就不仅为中国在全球催化剂领域树立了声誉，也推动了环保技术的发展，展示了科技对社会进步的重要贡献。通过学习闵恩泽院士的科学成就，学生能够深刻理解绿色催化技术在环境保护中的关键作用，认识到科学研究不仅是技术创新的过程，更是解决社会问题、服务人类的实践。

闵恩泽院士的科研工作注重理论创新与实际应用的结合，这种以实践为导向的科研方法可激励学生将所学知识应用于实际问题中，培养解决现实问题的能力。此外，闵恩泽院士在科研过程中展现出的诚信和创新精神，体现了科研工作的核心价值。学生可以从中学习到在科研中如何坚持诚信，勇于探索，突破传统界限，这不仅对他们的学术成长至关重要，也对他们将来进入职场、服务社会具有指导意义。闵恩泽院士的事迹还体现了深厚的爱国情怀，他将个人的科研事业与国家的科技进步紧密结合，展示了科学家为国家和社会做贡献的责任感。这种爱国情怀和社会责任感能够激励学生树立正确的价值观和世界观，理解科学研究与国家发展的关系，增强对国家和社会的责任感。

参考文献

[1] 傅献彩，侯文华. 物理化学：下册 [M]. 6 版. 北京：高等教育出版社，2022.

[2] 杜凤沛. 简明物理化学[M]. 北京：高等教育出版社，2009.

[3] 颜美，王群，果崇申. 探索诺奖：物理化学知识的发现之旅[J]. 大学化学，2025，40(07)：380-386.

第 12 章

净水有道：光催化降解废水中的物理化学原理与应用探究

——在“光催化降解废水”教学中培养科学素养的实践探索

专　　业：化学/化学工程与工艺

授课对象：化学专业/化学工程与工艺专业本科二年级学生

12.1 章节简介

本章节是研究化学反应速率及反应机理的重要章节，为理解化学反应的动态过程提供核心理论框架。本章节首先明确化学反应速率的表示方法，包括以浓度随时间的变化率等方式描述反应进度。接着重点探讨速率方程，涵盖具有简单级数的反应（如零级、一级、二级反应）的速率表达式、特征参数及确定反应级数的实验方法。此外，还涉及反应机理的拟定方法及链反应、光化反应等特殊反应的动力学特性。

通过本章节的学习，学生能系统掌握化学反应速率的定量描述与分析方法，理解反应速率的影响因素及内在机理，为后续深入研究化学动力学及实际应用（如反应条件优化）奠定基础，培养运用理论解决实际问题的能力。

12.2 章节蕴含的思政元素分析

12.2.1 培养辩证思维能力

物理化学动力学既包括定性分析，如反应速率、反应机理等方面的描述，也包括定量分析，如速率常数、反应动力学方程等的建立。培养学生同时进行定性和定量分析的能力，使他们能够从多个角度理解和解决问题，形成辩证的思考方式。物理化学动力学研究的是化学反应过程中的因果关系，包括反应条件对反应速率的影响、反应物浓度对反应速率的影响等。培养学生分析和理解因果关系，从而使其体会物理化学动力学各部分之间的相关性，加深对系统概念的理解。

12.2.2 培养科学精神

在学习化学动力学的过程中，学生需要掌握实验技术、数据分析和理论模型等方面的知识和技能，这些都需要严谨的科学思维。化学动力学实验需要精确控制实验条件，设计合理的实验方案，并准确记录实验数据。培养学生的实验技能和实验态度，学会严谨地进行实验，是化学动力学教育的重要目标之一。

在化学动力学实验中，学生需要分析实验数据，提取有用信息，并将其与理论模型进行比较和验证。这要求学生具备较高的数据处理能力和逻辑推理能力，培养他们分析问题和解决问题的能力。化学动力学研究常常依赖于理论模型的建立和实验验证。学生需要理解不同化学反应的动力学模型，并能够通过实验数据验证这些模型的准确性，这有助于培养学生的理论思维和实践能力。化学动力学研究的最终目的是探索新的化学反应规律和动力学机制。培养学生的创新意识和科研能力，让他们能够提出新颖的研究思路和方法，是化学动力学教育的重要任务之一。通过以上几个方面的学习和实践，化学动力学教育可以有效培养学生的严谨科学思维，使他们成为具有创新精神和实践能力的优秀化学家。

12.2.3 教学中的思政结合点

参见表 12-1。

表 12-1　教学中的思政结合点

专业知识点	思政元素	方法
催化反应动力学	技术创新的科学态度	利用光催化剂在废水处理中的科研研究，引导学生认识化学动力学在实际研究中的重要性，激发学生的科研兴趣，促进学生成长，提升学生核心素养，实现科教共融
过渡态理论	辩证唯物主义的世界观和严谨的科学思维方法	讲述过渡态理论时，让学生知道一套理论的建立需基于大量的实验结果，并在一系列假设的基础上通过理论推导得出。让学生领略“提出假设—建立模型—实验验证”等科学方法在科学发现中所起的重要作用，加深对马克思主义认识论的理解
化学反应速率方程	刻苦钻研的科研精神及环保意识	采用“提出问题、分析问题、解决问题”的教学模式，通过提出水污染、大气污染的问题，让学生分析如何利用化学反应速率方程研究和改进污染治理方法，探讨如何减少其污染程度与范围
催化剂对化学反应速率的影响	科学精神	通过融入诺贝尔化学奖获得者格哈德·埃特尔的科学家事迹、科学研究工作和生产生活实际来重构知识体系。激发学生的责任担当、专业认同和学习热情，鼓励学生追光而上，成为自己心中最亮的那道光

12.3 教学设计

12.3.1　教学章节

李松林编著的《物理化学》第七版下册中第十一章化学动力学第 2 节速率方程的积分形式。

12.3.2　教学目标

12.3.2.1　知识目标

① 掌握光催化降解废水反应的基本动力学概念，包括光催化反应速率、反应级数、速率常数、活化能等，理解其在废水处理场景中的特定含义。

② 了解光催化降解反应中常见的简单级数反应（尤其是一级反应）的速率方

程、积分形式及特征，掌握准级反应在光催化体系中的应用特点。

③ 了解光催化复杂反应的动力学特征，特别是涉及光生载流子产生、迁移、复合及污染物氧化还原等多步过程的连续反应特点，明确速率控制步骤的判断方法。

12.3.2.2 能力目标

引入实践创新环节，让学生通过本章的学习，掌握半衰期在实际生活中的应用。学会利用动力学知识设计合成催化剂，进行实践应用，提升主动学习能力、动手能力、化学计算相关软件的使用能力。

12.3.2.3 价值目标

通过引入科学家案例、人文元素、科学前沿，构建特色思政案例库，帮助学生树立正确的人生观、世界观和价值观；构建完整的知识体系，学会物理化学科学的思维方法，最终使学生具备创新思维、实践应用能力及分析和解决问题的能力。

12.3.3 教学内容分析

12.3.3.1 教学内容

① 光催化反应中涉及的化学反应速率表示法。

② 具有简单级数的化学反应及反应级数的测定方法。多数有机污染物光催化降解为一级反应，有对应的速率方程等，催化剂过量时可简化为准一级反应。

③ 温度会影响光催化速率，用阿伦尼乌斯方程计算活化能。

12.3.3.2 教学重点

① 光催化反应速率的多种表示方法及换算关系，尤其是基于降解率、COD的速率表达在废水处理中的实用价值。

② 一级反应动力学在光催化降解中的特征及应用，包括速率方程、积分形式、半衰期计算，能结合实验数据进行拟合分析。

③ 光催化速率方程中光照强度、催化剂浓度等变量的影响，以及准级反应的简化处理逻辑。

④ 光催化连续反应的动力学特征，特别是对中间产物的浓度变化规律及速率控制步骤的判断。

12.3.3.3 教学难点

① 光催化反应速率方程的建立，因涉及光、催化剂、污染物等多变量交互作用，其级数的确定较常规反应更复杂。

② 光催化复杂反应机理与动力学特征的关联，例如如何从中间产物的浓度变化推断反应路径和速率控制步骤。

③ 准级反应的简化原理，学生难以理解为何过量反应物或恒定光强可将多变量反应降级为具有简单级数的反应。

④ 光催化反应级数测定的实验设计，如何控制单一变量（如光强、催化剂浓度）以准确测定反应级数。

12.3.4　教学过程

12.3.4.1　引入阶段

让学生观看互联网上富山县神通川流域炼锌厂含镉废水事件造成沿河居民暴发骨痛病的视频，通过演示教学法吸引学生的注意力，引发学生思考，进入课堂主题。例如，列举光催化技术在处理类似工业废水中的成功案例，如工业废水中重金属离子的光催化处理研究，这不仅能够吸引学生的注意力，还能让学生直观感受到光催化技术在环境保护中的重要作用。

12.3.4.2　知识讲解阶段

由“光催化技术处理含镉废水”切入“化学反应速率”的教学。重点讲授光催化反应速率受到多种因素的影响，包括光照强度、催化剂表面积、废水中污染物浓度等。光源强度越高，催化剂吸收的光能越多，反应速率越快。但过高的光源强度可能导致能量损失，从而降低效率。不同催化剂对光的吸收能力和反应活性不同。例如，二氧化钛（TiO_2）和二氧化硅（SiO_2）具有良好的光吸收能力，能有效激发光催化反应。催化剂的晶型、形貌和表面结构等因素也会影响反应速率和选择性。污染物浓度增加，反应速率加快，因为更多的污染物与催化剂接触，增加了反应机会。但过高的浓度可能导致反应物之间发生竞争吸附，从而降低反应速率。通过对其原理、动力学分析和思政意义的探讨，可以引导学生深入理解光催化技术在环境保护中的作用，促进环境保护意识的提升，推动社会的可持续发展。

12.3.4.3　案例分析与讨论阶段

深入探讨光催化技术在处理含镉废水中的实际应用案例，以及这些技术如何促进环境保护和可持续发展。以下是一些具体的案例和讨论点：

（1）回收废水中的镉制备高性能 CdS@C 光催化剂的方法及其应用

① 案例背景：介绍一种利用大薸吸收和富集水中低浓度镉，并将其转化成具有高效光催化性能的碳负载硫化镉材料的方法。这种方法不仅修复了镉污染水体，还

实现了镉资源的高值化利用。

② 讨论点：让学生讨论这种技术如何结合生物吸附和光催化降解来达到处理废水的目的，以及这种方法在资源回收和环境保护方面的创新性和实用性。

（2）光催化技术在处理废水中的规模化应用

① 案例背景：探讨 TiO_2 作为光催化剂在降解水和空气中的有毒化合物以及细菌和病毒方面的应用。同时，讨论如何通过改性提高 TiO_2 在可见光下的反应效率。

② 讨论点：引导学生讨论光催化剂的改性方法，如元素掺杂、半导体复合等，并探讨这些方法如何提高光催化剂的性能和应用范围。

（3）一种将镉富集、去除并转化为催化剂的方法及其应用

① 案例背景：介绍一种利用硫化锌纳米颗粒吸附镉离子并将其转化为具有异质结构的光催化剂的方法。这种方法在吸附镉的过程中可直接原位形成异质结构，无需后续高温、高压及硫化处理。

② 讨论点：让学生分析这种光催化剂的制备过程和优势，以及它在实际废水处理中的应用潜力和环境影响。

（4）光催化材料在污水处理中的研究与应用

① 案例背景：通过对光催化材料在污水处理中的研究应用案例讲解，引导学生理解“绿水青山就是金山银山”的环保理念，树立环保意识。

② 讨论点：讨论光催化材料的光降解原理和性能特点，以及如何将这些材料应用于实际的污水处理中，同时强调科学研究方法的运用，培养学生的科研意识和科学思维。

通过这些案例的分析和讨论，学生可以更深入地理解光催化技术在环境保护中的实际应用，以及这些技术如何促进社会的可持续发展。同时，这些案例也有助于学生树立环保意识，激发他们利用自己的知识和能力去推进环保事业。

12.3.4.4 情感态度与价值观引导阶段

通过讨论光催化剂在环境治理中的应用，如光催化降解有机污染物、分解水中的有害物质等，强调科学思维和创新的重要性，鼓励学生通过科学研究和技术创新解决实际问题，以提升环境治理效果。

通过介绍光催化剂研究的国际前沿和跨国合作案例，如国际科研团队在光催化领域的合作研究，拓宽学生的国际视野，使他们认识到全球合作在科学研究中的重要性。培养学生的合作精神，鼓励他们积极参与国际科研交流，共同推动科学技术的发展。

老师可以提出问题，让学生思考光催化剂如何利用动力学知识在改善人类生活

质量和保护生态环境中做出贡献，激发学生的社会责任感，使他们认识到科学技术不仅仅是学术研究，更是造福社会的重要手段。培养学生的使命感，鼓励他们致力于科技创新，为社会进步和环境保护做出贡献。

12.3.4.5　总结与反馈阶段

通过统计数据反馈可以发现，学生都能按时完成预期作业。慕课微视频的内容可促进学生对旧知识的复习和新知识的熟悉，从而起到预热课堂的作用；通过课堂考勤和习题作业可以看出，学生对于物理化学课程的学习都能端正态度，从主观上有利于课程的推进；通过对课堂的观察可以发现，思政素材可以引发学生热烈的讨论，由此可见，在物理化学中引入课程思政可以提升学生的学习兴趣与学习热情，帮助学生掌握并运用化学知识；阶段检测成绩从客观上证明，蕴含课程思政理念的物理化学课程有利于学生对知识的理解和应用。经过对物理化学课程的改进，同学们在学习通、中国大学 MOOC 等平台上表达了自己对课程的主观感悟，可见，通过这样的教学，我们不仅完成了专业知识的传授，也实现了全方位育人的教育目标。

12.4
课外思考题

① 简述催化剂对化学反应速率的影响机制。

② 催化剂的选择对反应速率有何影响？请举例说明。

③ 简述催化剂在能源转换和环境保护中的应用，并指出其对可持续发展的贡献。

④ 结合催化剂的设计原则和方法，思考如何利用催化动力学的理论指导开发更环保、高效的催化剂，推动绿色化学工业的发展。

12.5
教学评价

（1）教学效果

本次基于光催化降解废水中重金属的化学动力学教学取得了较为显著的成效。从学生的课堂表现和课后反馈来看，他们对化学动力学知识的理解不再局限于枯燥的公式和理论，而是通过实际案例有了更直观、深入的认识。在案例分析过程中，学生能够积极运用反应速率方程、速率常数、活化能等概念对光催化降解过程进行剖析，有效巩固了化学动力学的核心知识体系，且作业和测验中相关知识点的正确率较高。

在能力培养方面，学生的科学思维得到了很好的锻炼。通过小组讨论光催化反应的影响因素，如光强、催化剂浓度、重金属离子初始浓度等对反应速率的影响机制，学生学会了从多变量因素中分析问题、建立假设并设计验证方案，逻辑思维和批判性思维能力得到了提升。同时，在探讨光催化技术在环保领域的应用价值与意义时，学生的环保意识和社会责任感被激发，意识到物理化学知识对于解决实际环境问题的重要性，增强了他们将专业知识服务于社会的使命感。

（2）存在的问题

在讨论环节，部分问题的讨论时间过长，导致后续教学内容未能充分展开。需要更好地管理课堂时间，确保每个环节都有足够的时间。可以预设每个讨论环节的时间，并严格按照时间计划进行，确保教学内容的全面覆盖。

学生在讨论中的表现和思政教育效果未能及时得到反馈和评估，缺乏对学生学习效果的即时监控和调整。可以引入即时反馈机制，如课堂小测验和学生自评，及时了解学生的学习情况，并根据反馈调整教学策略。案例分析阶段采用了问题驱动式学习（PBL）的教学方法。通过提出日本富山县神通川流域炼锌厂含镉废水事件，让学生进行课堂讨论，激发学生的学习兴趣和主动性，引导他们积极探究和解决问题。这有助于培养学生工程伦理思维和环境保护意识。课后鼓励学生对自己的学习和思考过程进行评价和反思，帮助他们发现不足和改进空间。可以通过写作业时附加自我评价、课后反思总结等方式加以引导。采用多样化的教学方法和评价方式，增强学生保护环境的意识，提高其辩证看待问题的能力。

12.6 参考案例与思政融合

12.6.1 参考案例1：中国光催化领域的领军科学家——付贤智院士

本案例介绍“中国光催化领域的领军科学家”——付贤智院士的故事。在我国科技发展的长河中，付贤智院士宛如一颗璀璨的明星，在光催化领域熠熠生辉。付贤智院士在完成博士后工作之际，站在了人生的重要十字路口。彼时，国外优越的科研条件和舒适的生活环境向他招手，那是一条铺满鲜花与掌声、能让个人名利迅速累积的道路。然而，他心中装着的是祖国的大地，是对这片土地深沉的热爱与责任感。于是，他毅然决然地选择回国，开启了我国光催化领域从无到有的艰难征程，投身于世界一流学科建设高校的发展浪潮之中。回国后，付贤智院士组建并领导光催化团队，他们宛如一群拓荒者，在未知的领域里奋勇前行。面对印染废水这一严重的环境污染源，他们潜心钻研，开发出印染废水深度净化与回用设备。这一设备的问世，如同一道曙光，照亮了印染行业绿色发展的道路，让废水不再是毫无价值的污染物，而是可以循环利用的资源，极大地减轻了印染企业对环境的压力，也为水资源的节约做出了卓越贡献。

在空气净化领域，光催化空气净化器的诞生，让人们在日益严重的空气污染中看到了希望。它能有效地去除空气中的有害气体与病菌，为人们营造出健康、清新的室内环境。而光催化抗菌口罩，更是在特殊时期发挥了重要作用，为人们抵御病菌的侵袭增添了一道有力防线。建筑外墙涂料和防污闪绝缘子的研发，则将光催化技术的应用拓展到了建筑材料与电力输运领域。建筑外墙涂料让建筑物不仅美观且具备自清洁功能，减少了建筑维护成本；防污闪绝缘子提升了电力输运的稳定性与安全性，保障了电力供应的可靠性。

付贤智院士及其团队研发的多项技术和产品达到了国际领先水平，他们用智慧与汗水，在社会民生工业的各个角落播撒下光催化技术的种子。这些种子生根发芽，成长为参天大树，为国内的环保事业、工业发展、人们的健康生活带来了前所未有的便利。他用自己的经历诠释了爱国情怀不仅仅是一句口号，更是几十年如一日的坚守与付出，在光催化领域书写着属于中国科学家的壮丽篇章，激励着一代又一代的科研工作者为了国家的繁荣富强而不懈努力。

12.6.2　参考案例 2：新型抗癌药物研发与环境污染

某医药公司研发了一种新型抗癌药物，该药物在体内代谢后形成的代谢物对人体有着极强的抗癌作用，但同时也发现这些代谢物对环境具有一定的毒性，可能会对水体和土壤造成污染。为了解决这一问题，该医药公司在药物研发的早期阶段就与环境保护部门进行了密切合作，开展了环境风险评估和环境影响研究。通过对药物代谢动力学的深入研究，他们发现可以通过调整药物的结构和代谢途径，减少或避免对环境的不良影响。在经过一系列实验和研究后，该医药公司成功地开发出了一种能够在体内代谢生成有效药物，并且可减少对环境污染的新型药物。

这一案例展示了药物代谢动力学研究在环境保护中的重要性，强调了科学技术对于实现经济发展和环境保护双赢的重要作用。该案例体现了在药物研发和应用过程中，科学家们需要充分考虑药物的代谢动力学特性，以减少对环境的不良影响，体现了在科学研究和生产实践中践行绿色发展理念的重要性。这有助于学生树立辩证唯物主义世界观和严谨的科学思维。

参考文献

[1] 傅献彩，侯文华. 物理化学：下册[M]. 6版. 北京：高等教育出版社，2022.

[2] 郭佩佩，关爽，赵振波，等. “物理化学”课程思政教学案例的思考[J]. 广州化工，2023(14)：180-182.

[3] 王颖，郝剑敏，张桂峰. 浅谈课程思政与物理化学教学之有机融合[J]. 2021(04)126.

[4] 杨勇，付永胜，钟秦. 课程思政融合“碳中和”研究的材料科学研究方法课程教学模式设计[J]. 化工高等教育，2023，40(6)：104-109.

第 13 章

张弛有度：探究表面张力在生活中的应用

——在“表面张力”教学中融入课程思政的实践探索

专　　业：化学/化学工程与工艺

授课对象：化学专业/化学工程与工艺专业本科二年级学生

13.1 章节简介

本章系统介绍表面现象及其热力学基础，包括表面自由能、弯曲表面的附加压力与蒸气压变化、溶液的表面吸附及 Gibbs 吸附公式。探讨液-液界面的性质、表面活性剂的结构与功能，为理解多相体系的界面行为提供理论支撑。

13.2 章节蕴含的思政元素分析

13.2.1 提升思辨能力

表面张力与表面吉布斯自由能的概念相似，通过课程中对具有共性规律的归纳和具有个性区别的概念进行辨析，引导学生形成全局观念和集体意识，学会运用矛盾的特殊性，对具体问题进行具体分析。本章节中表面张力、表面功、表面吉布斯自由能三者间既有联系，又有区别，通过引导学生分组讨论，总结三者间的联系与区别，加深对这些概念的理解。

利用这个问题引导学生：矛盾存在于客观世界和科学研究的一切领域中，是事物运动和发展的动力，在面临工作和生活中的各种问题时，要学会从多方位、多角度全面思考问题，学会抓住问题的主要矛盾。通过这样有计划、有目的的思维训练，就可以逐渐培养学生良好的思辨能力。

13.2.2 激发创新精神

表面张力的影响因素中，温度越高，表面张力越低；茶水倒流的现象有悖于常理。通过日常生活中的现象引出物理化学原理，引导学生细心观察生活，并善于运用所学物理化学知识分析思考其原因，培养学生的科学精神。

通过课前预习单中预设问题，让学生分小组讨论思考的教学方式，提升学生检索、归纳、概括知识的能力，运用科学的方法分析社会热点问题，理性思考，理性对待，从而培养学生的科学精神。

13.2.3 培育科学精神

通过引入表面张力在功能材料制备等科学研究中的应用案例，培养学生理论联系实际的科学思维和科学方法。通过自主查找与界面相关的研究成果和日常生活中的界面现象，引导学生探究现象本质，了解最新科研成果，培养科学探究的精神。

13.2.4 塑造正确的价值观

表面活性剂是生活中常用日用化学品的主要成分，无论是洗衣液、洗发露、牙膏等洗漱用品、厨卫清洁用品，还是化妆品，都离不开表面活性剂。然而国内高端日化产品多数都被国外品牌所垄断，针对这一情况我们亟需加强国内民族品牌的研发，提高日化产品的品牌竞争力。作为化学专业/化学工程与工艺专业的学生，更是要提高专业技能，为社会经济发展服务。

以杰出校友在日化产品自主品牌创业的成功案例激励学生，树立民族品牌意识和民族自信心，依靠自身所学知识创新创业，为打破国外垄断做准备。培养学生的团队合作能力和探索未知、勇攀高峰的科学精神，加强科学及工程伦理教育。

13.2.5 教学中的思政结合点

参见表 13-1。

表 13-1　表面张力教学中的思政结合点

专业知识点	思政元素	方法
表面张力的定义	中华优秀传统文化	案例教学：借助文学作品《爱莲说》中所描述的莲“出淤泥而不染”的自然现象，隐喻公正廉洁的传统美德，弘扬中华优秀传统文化，坚定文化自信
表面张力的影响因素	科学精神	小组讨论：茶水倒流的现象有悖于常理，通过日常生活现象引出物理化学原理，引导学生细心观察生活，并善于运用所学物理化学知识分析思考其原因，培养学生的科学精神
表面张力的应用	创新意识	师生互动：利用表面张力差驱动纳米材料自组装，制备新型智能材料的应用案例，引导学生自主查找与界面相关的研究成果和日常生活中的界面现象，探究现象本质，了解最新科研成果，培养科学探究精神
表面活性剂	家国情怀	案例教学：日化产品主要成分为表面活性剂，然而国内的高端日化产品都被国外品牌所垄断，利用杰出校友的事例激励学生，树立民族品牌意识和民族自信心，依靠自身所学知识创新创业，为打破国外垄断做准备

13.3 教学设计

13.3.1　教学章节

第十三章　表面物理化学

13.1　表面张力及表面 Gibbs 自由能

13.2　弯曲表面上的附加压力和蒸气压

13.4　液-液界面的性质

13.7　表面活性剂及其作用

13.3.2　教学目标

13.3.2.1　知识目标

① 掌握表面张力和表面 Gibbs 自由能的概念。

② 掌握表面张力的影响因素。

③ 理解表面活性剂的概念及结构特点，了解其在表面作定向排列及降低表面 Gibbs 自由能的情况。

④ 了解表面活性剂的大致分类及其几种重要作用。

13.3.2.2 能力目标

① 掌握表面张力在实际生活中的应用。

② 能够运用表面张力原理来解释人工降雨、毛细凝聚等常见的表面现象。

③ 训练学生的科学思维和现代信息技术的应用能力，提高学生正确认识问题、分析问题和解决问题的能力。

13.3.2.3 价值目标

① 通过引入表面张力在功能材料制备等科学研究中的应用案例，培养学生理论联系实际的科学思维和科学方法。

② 培养学生实事求是、学以致用的科学精神，以及为人民服务的社会主义核心价值观，培养学生的应用能力及工匠精神。

③ 引导学生运用所学物理化学知识及唯物主义观点透过现象看本质，提高学生人生发展能力；培养学生的家国情怀，树立学生民族自豪感、自信心、服务经济社会发展的责任感和使命感；培养学生团队合作能力和探索未知、勇攀高峰的科学精神；加强科学与工程伦理教育。

13.3.3 教学内容分析

13.3.3.1 教学内容

① 表面吉布斯自由能和表面张力；

② 界面张力与温度的关系；

③ 弯曲表面下的附加压力：杨-拉普拉斯（Young-Laplace）公式及其物理意义；

④ 弯曲表面上的蒸气压：开尔文（Kelvin）公式及其物理意义；

⑤ 表面活性剂及其作用。

13.3.3.2 教学重点

① 掌握表面张力（γ）的力学与热力学定义（$N/m=J/m^2$）；

② 理解 γ 的影响因素（物质本性、温度、压力等）；

③ 认识表面活性剂的作用及科技价值，培养绿色化学与辩证思维。

13.3.3.3 教学难点

① 表面张力和表面 Gibbs 自由能；

② Young-Laplace 公式；

③ Kelvin 公式。

13.3.4　教学过程

依据教学目标、学生中心和产出导向等 3 个方面，对“表面张力”一节教学内容、教学方法和思政元素进行了精心设计。

13.3.4.1　引入阶段

采用启发式教学方法，导入课程教学内容。从古诗词《爱莲说》中“予独爱莲之出淤泥而不染，濯清涟而不妖”导入，通过教师设问引导同学们思考莲花与荷叶不会被淤泥污染的原因是什么，引入本课的主要内容——表面张力。表面张力在现实生活中有广泛的应用，引导学生思考还有哪些现象是由表面张力引起的。

13.3.4.2　知识讲解阶段

（1）表面张力的定义及公式

在物理化学中，表面张力（γ）是描述液体表面性质的重要物理量。从力学角度定义，表面张力是液体表面垂直作用于单位长度边界线上的力，方向垂直于边界线并与液面相切，单位为 N/m。从热力学角度定义，表面张力也称为表面吉布斯自由能（γ），表示在恒温恒压下，系统增加单位面积时吉布斯自由能的增量，单位为 J/m^2。由于 1J＝1N・m，因此 $N/m=J/m^2$，二者数值相同，但物理意义不同：

① 表面张力强调力的作用（分子间相互牵引）；

② 表面吉布斯自由能强调能量变化（体系稳定性）。

思政融入点：

表面张力的双重定义体现了科学研究中的辩证思维——同一现象可从不同角度（力学/热力学）分析，引导学生理解科学问题的多维度认知方式，培养全面、辩证的科学观。

（2）表面张力与表面吉布斯自由能的关系

表面张力（γ）和表面吉布斯自由能（γ）在数值上相等，但物理意义不同：

① 力的角度：分子间作用力导致表面收缩，形成“张力”；

② 能量角度：形成新表面需克服分子间力，消耗能量。

这一关系体现了能量与力的统一性，是热力学与力学结合的典型案例。

思政融入点：

通过对比分析，引导学生理解理论与实践的统一性，强调科学研究中多学科交叉的重要性，呼应国家倡导的“新工科”跨学科人才培养战略。

（3）表面张力的影响因素

① 物质本性：分子间力越强（如金属键＞离子键＞氢键＞范德华力），γ 越大（如汞 γ=485mN/m，水 γ=72mN/m，乙醇 γ=22mN/m）。

② 接触相性质：水与苯的界面张力（35 mN/m）不同于水与空气（72 mN/m）。

③ 温度：温度升高—分子动能增加—分子间力减弱—γ 降低。

④ 压力：压力增大—气相分子吸附于液体表面—γ 降低。

思政融入点：

通过分析影响因素，引导学生认识内因（物质本性）与外因（温度、压力）的辩证关系，类比个人成长中自身努力（内因）与环境（外因）的相互作用，培养唯物辩证思维。

（4）表面活性剂及其作用

表面活性剂是两亲分子（含亲水基和疏水基），能显著降低水的表面张力，广泛应用于工业（如洗涤剂、乳化剂）和生物领域（如细胞膜磷脂）。其核心作用包括：①润湿作用（如农药喷洒）；②乳化作用（如化妆品、食品工业）；③增溶作用（如药物递送）；④洗涤作用（如去污机理）。

思政融入点：

结合中国表面活性剂工业的发展（如蓝月亮、立白等民族品牌的技术突破），强调科技创新驱动产业升级，激励学生将所学知识服务于国家“碳中和”与绿色化学战略，培养科技报国的责任感。

13.3.4.3 案例分析与讨论阶段

（1）组织学生分组讨论

有位阿根廷学生在泡茶时发现了一个奇特的现象，当他往茶叶里加热水时，茶叶中的一些粉末竟然可以顺着水流流入热水壶中。起初这名学生并不相信，但是经过他多次实验后发现，水确实是倒流了。

茶叶倒流现象如何解释？能否用所学的物化知识解释？生活中有没有类似的现象？

表面张力的影响因素中，温度是重要的影响因素，温度越高，表面张力越低。因此壶中热茶水的表面张力小，而倒入杯中的茶水温度降低，其表面张力反而高，可见，表面张力能驱动较轻的茶叶碎向茶壶回流，因而呈现出水往高处流的反常现象。同样地，河流的上下游也会出现这种情况，下流出现了污染，因为表面张力差的存在，下游的水也会“逆流”到上游，影响上流的水资源。所以逆流污染是存在的。

（2）师生互动

提问：表面张力在生活或科学研究中有哪些应用？请举例说明。

① 植物水分运输：植物根系通过毛细管作用（表面张力与润湿性共同作用）结合蒸腾拉力，实现水分的高效吸收与运输，这一原理对农业节水技术（如抗旱作物培育）具有重要的指导意义。

② 昆虫水上行走：水黾腿部特殊的微纳米结构利用水的表面张力，使其能在水面快速移动，启发科学家设计新型水上机器人，应用于环境监测与救援领域。

③ 自清洁建筑材料：受荷叶“超疏水效应”（表面张力与微结构协同作用）的启发，研发的高层建筑自清洁玻璃幕墙可减少人工清洗成本，降低高空作业风险，助力绿色城市建设。

④ 功能性服装革新：基于超疏水涂层的冲锋衣和军用服装，在雨雪、极寒环境中保持内部干燥，提升户外工作者和边防战士的生存能力，体现科技“以人为本”的理念。

13.3.4.4　情感态度与价值观引导阶段

在物理化学课程教学中，我们注重将价值培养有机融入专业知识的学习过程。以“表面现象”这一重要知识点为例，通过精心设计的教学环节，实现了知识传授与价值引领的深度融合。

在讲解表面张力的概念时，首先引导学生思考“茶叶倒流”这一生活现象背后的科学原理，通过问题导向的教学方式，培养学生的科学思维和探索精神。随后，在深入探讨表面张力的应用时，重点介绍了我国科学家在表面张力驱动纳米材料自组装领域取得的突破性进展，特别是江雷院士团队研发的仿生智能界面材料，以此激发学生的科研热情和创新意识。

在讲授表面活性剂内容时，通过对比分析国内外日用化学品的市场格局，指出我国在高端表面活性剂领域面临的“卡脖子”问题。通过展示国产替代产品的研发历程，如蓝月亮突破国外技术垄断的案例，培养学生的产业报国情怀。

从现象观察培养科学思维，从科研突破激发创新精神，从产业现状强化责任担当。这种“润物细无声”的教学方式，让学生在掌握专业知识的同时，潜移默化地树立起科技报国的理想信念，为其未来的职业发展注入持久的精神动力。

13.3.4.5　总结与反馈阶段

（1）教学效果

“表面张力”是《物理化学》中“表面物理化学”一章的核心内容。通过“定义—机理—应用”三维教学设计，对表面张力、表面张力的影响因素、表面张力的应用、表面活性剂等进行系统学习，构建表面张力知识体系，使学生能够准确描述表面张力的物理本质，并运用杨氏方程解释实际现象，将所学表面张力的知识，应用于科研、生产、生活中。

本案例教学中实施了知识线、能力线和价值线“三线并行”的教学策略，对学生能力的培养取得了显著成效。

① 知识线：建立“微观相互作用—宏观表现—工程应用”的认知框架；

② 能力线：通过仿生材料设计等案例，培养学生解决复杂工程问题的能力；

③ 价值线：结合我国在超疏水材料领域的突破，激发创新报国情怀。

（2）反思

本课程通过“知识传授、能力培养、价值引领”三位一体的教学模式，实现了表面张力教学与思政教育的深度融合。后续将重点优化案例教学体系，加强产学研协同，使专业教育与思政教育同向同行，切实提升育人成效。然而课程教学过程中还有一些问题有待完善：

① 理论教学与思政元素的有机融合仍需加强；

② 部分应用案例与最新科研进展存在滞后；

③ 部分学生对表面张力的微观机理理解不够深入。

因此可从以下几个方面入手：①建设“表面化学思政案例库”，按知识模块分类整合教学资源，实现知识点、能力点、思政点的精准对应；②开发虚拟仿真实验，强化微观作用机理的可视化呈现。

13.4 课外思考题

① 在我们日常生活中还有哪些现象与表面张力有关？

② 如何将水面上的粉尘快速除去？（利用表面张力）

③ 常用的测定表面张力的方法有哪些？

13.5 教学评价

本课采用案例教学、小组讨论、师生互动等教学方法，通过案例，引发学生对日常现象的思考，激发其学习兴趣，以至深入探究表面张力在日常生活及科学研究中的应用。采用“三阶递进”教学法，即生活案例导入（荷叶效应）—理论探究（表面张力机理）—拓展应用（仿生材料设计），形成完整的认知链条，调动学生学习的积极性，使课堂注意力更加集中。构建“科技、产业、民生”三维案例体系：将江雷院士团队的研究突破、蓝月亮打破国外垄断等案例有机融入知识模块。

本课程通过系统化的教学设计，实现了知识传授与价值引领的协同增效。特别是将国家战略需求与专业学习有机结合，有效激发了学生的责任担当意识。教学团队需持续跟踪学科前沿动态，不断丰富教学案例库，深化产教融合，进一步提升课程的时代性和感染力。建议将本课程的建设经验推广至其他专业基础课程的教学改革中。

13.6 参考案例与思政融合

13.6.1　参考案例 1：表面张力在科研中的应用

利用表面张力界面自组装的新型材料作为本科生毕业论文的研究课题，参见图 13-1。以乙醇作为石墨烯分散剂，喷洒在水面上，乙醇与水之间存在表面张力差；当存在表面张力梯度时，液体将会从表面张力低的一侧运动到表面张力高的一侧。在气-液界面上，利用表面张力差驱动纳米材料石墨烯，在界面上自组装形成 L-B 单分子膜。利用基底转移 L-B 膜，若采用聚酰亚胺膜作基底将 L-B 膜逐层叠加，可制备电热功能复合材料，或采用滤纸作基底将 L-B 膜逐层叠加，可制备光热蒸发水处理材料。

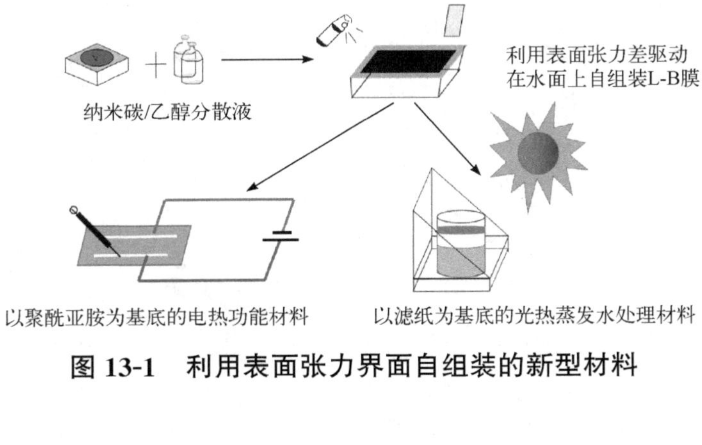

图 13-1　利用表面张力界面自组装的新型材料

13.6.2 参考案例2：打破国外品牌在日用化学品中的垄断——表面活性剂

表面活性剂是生活中常用日用化学品的主要成分，包括洗衣液、洗发露、牙膏、化妆品等。然而国内高端日化产品多数都被国外品牌所垄断，针对这一情况我们亟需加强国内民族品牌的研发，提高日化产品的品牌竞争力。

参考文献

[1] 郭佩佩，关爽，赵振波，等. “物理化学”课程思政教学案例的思考[J]. 广州化工，2023，51(14)：180-182.

[2] 刘长霞，李英，周自成，等. 思政元素有机融入物理化学教学——表面张力[J]. 化学教育(中英文)，2023，44(04)：31-35.

[3] 刘万强，刘鑫微，张崇华. 物理化学课程思政教学设计与实施——以“界面现象”为例[J]. 大学化学，2022，37(10)：155-161.

[4] 李艳艳，叶飞，程化，等. 融入课程思政的物理化学实验课程建设与实践[J]. 广东化工，2021，48(20)：259-260，272.

第 14 章

如胶似漆：胶体分散系统和大分子溶液

——在“胶体和大分子溶液”教学中融入课程思政的实践探索

专　　业：化学/化学工程与工艺

授课对象：化学专业/化学工程与工艺专业本科二年级学生

14.1 章节简介

本章系统介绍胶体的基本特性、制备与净化方法，重点分析溶胶的动力性质、光学性质和电性质（包括双电层理论和 ζ 电势）。探讨溶胶的稳定性与聚沉机理，并阐述大分子溶液的膜平衡及高分子化合物对溶胶的絮凝与稳定作用。

14.2 章节蕴含的思政元素分析

14.2.1　根植家国情怀

通过北方雾霾天气引入气溶胶概念，引导学生利用所学物化知识思考雾霾天气的成因和治理措施，贯彻习总书记“绿水青山就是金山银山”的生态文明建设思想，培养学生的环境保护与可持续发展理念。

中国是最早发明豆腐的国家，郑州新密打虎亭汉墓壁画描绘了豆腐的详细制作流程。中国古代劳动人民运用胶体化学知识开展实践活动，将其融入教学中有助于培养学生的家国情怀，提升其民族自信心与自豪感。

14.2.2 激发创新精神

结合最新科学研究进展，如凝胶电泳技术在蛋白质复合体分离检测方面的应用，让学生运用所学物理化学知识分析思考其原因，达到学以致用，用理论指导实践的目的。通过介绍高分子絮凝剂在滇池治理中的应用，让学生了解物理化学知识在环境保护中的实际应用，讨论科研人员如何通过研发先进的环保技术解决实际问题，培养学生的科学研究精神和创新意识，同时增强环保意识和社会责任感。通过日常生活现象引出物理化学原理，引导学生细心观察生活，并善于运用所学物理化学知识分析思考其原因，培养学生的科学精神。

14.2.3 培养科学精神

利用溶胶-凝胶法制备新型功能材料气凝胶的案例，通过小组合作探究相关研究成果和日常生活中的现象，引导学生抓住现象背后的本质，培养科学探究精神。

14.2.4 塑造正确的价值观

以新中国胶体科学主要奠基人傅鹰教授为案例，激励学生的爱国情怀，使其立志学习化学要为祖国工业发展做出贡献，培养学生的家国情怀，树立学生民族自豪感、自信心。以煤矿中粉尘较多，可能导致工人患硅肺病的案例引入，引导学生思考如何利用物化知识降低粉尘，改善煤矿的工作环境，减少硅肺病发生，并注意职业防护和生产安全，加强科学及工程伦理教育，培养学生的大国工匠精神和服务于经济社会发展的责任感和使命感。

14.2.5 教学中的思政结合点

参见表 14-1。

表 14-1 胶体与大分子教学中的思政结合点

专业知识点	思政元素	方法
胶体定义	科技史观教育与文化自信	案例教学：中国是最早发明豆腐的国家。郑州新密打虎亭汉墓壁画描绘了豆腐的详细制作流程。中国古代劳动人民运用胶体化学知识开展实践活动。利用以上案例，有助于培养学生的家国情怀，提升民族自信心与自豪感

续表

专业知识点	思政元素	方法
胶体制备方法	科学精神	小组讨论：利用溶胶凝胶法制备新型功能材料气凝胶，通过小组合作探究相关研究成果和日常生活中的现象，引导学生抓住现象背后的本质，培养科学探究精神
溶胶的电学性质	理论指导实践	师生互动：结合凝胶电泳技术在蛋白质复合体分离检测方面的应用等最新科学研究进展，让学生运用所学物理化学知识分析思考其原因，达到学以致用的目的。
溶胶的聚沉	生态文明与科学发展观	案例教学：利用胶体吸附与磁絮凝结合分离污染物，治理水污染的实例，贯彻习近平总书记“绿水青山就是金山银山”的生态文明建设思想，培养学生环境保护与可持续发展理念
高分子絮凝剂	创新意识	小组讨论：介绍高分子絮凝剂在滇池治理中的应用，让学生了解物理化学知识在环境保护中的实际应用，讨论科研人员如何通过研发先进的环保技术解决实际问题，培养学生的科学研究精神和创新意识
气溶胶	环保意识与工程伦理	师生互动：思考北方雾霾天气的产生原因及治理方法，以及预防煤矿工人患硅沉着病的措施，让学生了解物理化学知识在环境保护中的实际应用；通过讨论气体除尘技术，强调科技创新在环境保护和安全生产中的作用，培养学生的创新意识、安全意识和工程伦理
中国胶体科学发展历史	工匠精神	案例教学：以新中国胶体科学主要奠基人傅鹰教授为案例，激励学生的爱国情怀，培养学生的大国工匠精神

14.3 教学设计

14.3.1　教学章节

第十四章　胶体分散系统和大分子溶液

14.1　胶体和胶体的基本特性

14.2　溶胶的制备和净化

14.3　溶胶的动力性质

14.4　溶胶的光学性质

14.5　溶胶的电学性质

14.6　双电层理论和 ζ 电势

14.7　溶胶的稳定性和聚沉作用

14.8　大分子溶液及其膜平衡

14.9　高分子化合物对溶胶的絮凝和稳定作用

14.3.2　教学目标

14.3.2.1　知识目标

① 了解胶体分散系统的分类及胶体的一般制备、净化方法。

② 了解憎液溶胶的动力性质、光学性质、电性质。

③ 了解胶体的结构及胶体的稳定性与聚沉作用。

④ 了解大分子溶液的一般性质及其分子量的测定。

⑤ 了解气溶胶的性质、结构及稳定性。

⑥ 了解高分子絮凝剂的结构、作用及工作原理。

14.3.2.2　能力目标

① 掌握溶胶、凝胶、高分子絮凝剂的性质、制备方法及其在实际生活中的应用。

② 能够运用胶体原理来解释聚沉、布朗运动、电泳、丁铎尔效应等现象。

③ 训练学生的科学思维和现代信息技术的应用能力，提高学生正确认识问题、分析问题和解决问题的能力。

14.3.2.3　价值目标

① 通过溶胶、凝胶、高分子絮凝剂在实际生产生活和科研中的应用案例，培养学生理论联系实际的科学思维和科学方法。

② 培养学生实事求是、学以致用的科学精神，以及为人民服务的社会主义核心价值观，培养学生的应用能力及工匠精神。

③ 培养学生的家国情怀，树立学生的民族自豪感、自信心和服务于经济社会发展的责任感和使命感，加强科学及工程伦理教育。

14.3.3　教学内容分析

14.3.3.1　教学内容

（1）分散系统的定义及分类

分散系统是指一种或多种物质（分散相）分散在另一种物质（分散介质）中形

成的体系，如溶液、胶体、悬浮液等。根据分散相粒子的大小，分散系统可分为：

① 分子分散系统（如 $CuSO_4$ 溶液）：粒子半径＜1nm，均相、稳定；

② 胶体分散系统［如 $Fe(OH)_3$ 溶胶］：粒子半径为 1～100nm，多相、动力学稳定但热力学不稳定；

③ 粗分散系统（如黄河水）：粒子半径＞100nm，易沉降。

思政融入点：

通过分散系统的分类，引导学生理解“量变引起质变”的哲学规律——粒子尺寸的微小差异导致体系性质的根本变化，类比社会经济发展中“细节决定成败”的重要性。

（2）胶体的制备与纯化

胶体的制备方法包括：

① 分散法（如研磨法、电弧法）：通过机械或化学作用减小粒子尺寸；

② 凝聚法（如化学凝聚法）：通过分子或离子聚集形成胶粒。

纯化方法主要为渗析法，即利用半透膜去除过量电解质，避免胶体聚沉。

思政融入点：

结合纳米材料制备技术（如我国石墨烯研究），强调技术创新在材料科学中的核心作用，激励学生关注“卡脖子”技术攻关，培养科技报国情怀。

（3）溶胶的动力与光学性质

① 布朗运动：胶粒因介质分子碰撞而产生的无规则运动，体现了微观粒子的动态平衡；

② 丁铎尔效应：胶体对光的散射现象，是区分胶体与溶液的直观依据。

思政融入点：

通过布朗运动，阐释“运动是绝对的，静止是相对的”辩证思想；通过丁铎尔效应，联系“现象与本质”的科学研究方法，如我国大气污染治理中气溶胶监测技术的应用。

（4）溶胶的电学性质与稳定性

① 电泳与电渗：胶粒在电场中的定向移动应用于污水处理、生物分离；

② 双电层理论：胶粒带电机制（吸附或电离）决定其稳定性；

③ 聚沉与絮凝：电解质或高分子化合物可增强或破坏胶体的稳定性。

思政融入点：

以长江水净化工程为例，说明胶体稳定与聚沉原理在环境治理中的实践价值，强调“绿水青山就是金山银山”的生态理念。

（5）高分子化合物对胶体的作用

① 絮凝作用：高分子吸附胶粒形成絮状沉淀（如污水处理）；

② 保护作用：高分子包裹胶粒增强其稳定性（如药物载体）。

思政融入点：

介绍我国高分子絮凝剂研发的突破（如聚丙烯酰胺国产化），凸显自主创新对环保产业的推动作用，引导学生树立“科技服务社会”的责任感。

14.3.3.2 教学重点

① 掌握胶体与大分子溶液的特性差异；

② 理解胶体的稳定性原理及聚沉规律；

③ 结合高分子材料的应用，培养绿色化学思维与创新意识。

14.3.3.3 教学难点

① 溶胶的定义、胶团结构及溶胶的基本特征；

② 溶胶的动力性质、光学性质和电性质；

③ 溶胶的稳定性和聚沉作用。

14.3.4 教学过程

依据教学目标、学生中心和产出导向等 3 个方面，对“胶体和大分子溶液”一章的教学内容、教学方法和思政元素进行了精心设计。

14.3.4.1 引入阶段

采用启发式教学方法，导入课程教学内容。从打虎亭汉墓壁画中描绘的豆腐详细制作流程导入，依次为浸豆、磨豆、滤浆、点卤、压制成型，该考古发现强有力地证明了中国是世界上最早发明豆腐的国家。通过教师设问引导同学们思考豆腐的特性是什么，从而归纳总结典型胶体的特征。而豆腐本质上是大分子蛋白质的一种聚集态，引入本课主要内容——胶体和大分子。胶体和大分子在现实生活中有广泛的应用，引导学生思考还有哪些是与其密切相关的。

14.3.4.2 知识讲解阶段

（1）胶体的基本特性与分类（科学思维与分类观）

教学内容：分散系统的定义及分类（分子分散、胶体分散、粗分散系统）；胶体的多相性、高度分散性与热力学不稳定性。

【思政案例】雾霾（气溶胶）的成因与防治——结合胶体分类讨论大气污染治理中的科学原理，培养环保意识与责任感。

（2）溶胶的制备与纯化（创新精神与实践能力）

教学内容：分散法（研磨、电弧法）与凝聚法（化学、物理方法）的制备原理；溶胶纯化的渗析与超过滤技术。

【思政案例】纳米材料制备中的胶体技术——介绍我国科学家在气凝胶研发中的突破，激发科技报国情怀。

（3）溶胶的稳定与聚沉（辩证思维与科学伦理）

教学内容：双电层理论、ζ 电势与溶胶稳定性的关系；电解质对聚沉的影响及聚沉值的意义。

【思政案例】食品工业中的胶体稳定性——以酸奶制备为例，讨论添加剂使用的科学性与安全性，强调“科技向善”的伦理观。

（4）大分子溶液与高分子化合物的作用（社会责任与应用意识）

教学内容：大分子溶液的稳定性与絮凝作用；高分子化合物在医药、材料等领域的应用。

【思政案例】滇池污水处理中的高分子絮凝剂——结合“绿水青山就是金山银山”理念，探讨胶体科学在环保工程中的应用。

14.3.4.3　案例分析与讨论阶段

（1）组织学生分组讨论

【思政案例 1】世界上最轻的材料是什么？用什么方法制备？

目前世界上最轻的材料是浙江大学高超教授课题组研制的全碳气凝胶，密度仅为 1.6mg/cm^3，是空气密度的 1/6，其制备方法为溶胶-凝胶法。溶胶-凝胶法合成气凝胶是一种非常流行和可靠的材料合成方法，特别是对于具有均匀、小粒径和不同形态的金属氧化物气凝胶。它涉及系统从液体“溶胶”到固体“凝胶”相的转变。溶胶—凝胶过程通常可分为形成溶液、凝胶化、老化、干燥和致密化等步骤。

溶胶-凝胶法是指低温下在溶液中发生化学反应合成无机网络或形成与溶液结晶相反的无定形网络。该反应最明显的特征是从胶体溶液（液体）转变为双相或多相凝胶（固体），当溶胶被浇注到模具中时，就会形成一种湿润的凝胶。经过进一步的干燥和热处理，凝胶转化为致密的陶瓷或玻璃颗粒。如果在超临界条件下除去湿凝胶中的液体，就会得到一种被称为“气凝胶”的高度多孔和极低密度的材料。溶胶-凝胶工艺已被应用于生产光学元件和光纤、薄膜涂层和精细氧化物粉末的高质量玻璃。

【思政案例 2】利用所学胶体及大分子溶液知识，思考滇池水质污染治理措施

滇池作为云南省最大的淡水湖，曾因工业、农业和生活污水的排放导致严重水污染。近年来，通过科学治理，滇池的水质得到了显著改善。高分子絮凝剂在滇池治理中发挥了重要作用，不仅提高了污水处理效率，还有助于控制蓝藻水华、削减内源污染、改善水质以及污泥处理。特别是在除磷工艺中，高分子絮凝剂降低了化学元素对湖水的污染程度。高分子絮凝剂通过其带电基团中和水中悬浮颗粒的电荷，促进颗粒聚集成较大颗粒，从而达到分离和去除污染物的目的。

分析滇池治理的成功案例，讨论高分子絮凝剂在其中的作用，以及如何通过物理化学原理解决环境问题。通过介绍高分子絮凝剂在滇池治理中的应用，让学生了解物理化学知识在环境保护中的实际应用，增强环保意识和社会责任感。

（2）师生互动

提问：胶体在生活或科学研究中有哪些应用？请举例说明。

① 食品工业：如明胶、果胶等在食品工业中作为乳化剂，用于制作奶昔、冰淇淋等产品，帮助油水混合，提高食品的稳定性和口感。

② 医药领域：胶体颗粒可以作为药物载体，用于控制药物释放，提高药物的生物利用度；电渗析技术在治疗尿毒症等医学领域的应用；电泳技术在蛋白质分析、病毒检测和基因工程方面的应用。

③ 化妆品和个人护理产品：胶体技术用于制备乳液和霜剂，提供保湿和保护作用。

④ 环境科学：胶体技术用于水处理过程中的絮凝和沉降，去除水中的悬浮颗粒和污染物；胶体吸附与絮凝聚沉结合在污染治理及环保中的应用。

⑤ 材料科学：制备涂料和油漆，提高其附着力和耐久性；电泳技术在汽车涂装及表面处理领域的应用。

14.3.4.4 情感态度与价值观引导阶段

价值培养渗透在知识点的学习中。引导学生思考豆腐制作过程，培养其科学思维；通过展示胶体在科研中的应用，如溶胶-凝胶法制备新型气凝胶功能材料，激发学生的科学精神；通过新中国胶体科学主要奠基人傅鹰教授的个人经历作为案例，培养学生的家国情怀，利用所学为民造福，为国家发展做贡献。透过这些元素，传递科学精神、家国情怀与文化自信，从而对学生起到潜移默化的作用，必将影响他们的人生观、世界观和价值观。

14.3.4.5　总结与反馈阶段

（1）教学效果

① 知识体系构建：胶体与大分子溶液是物理化学的重要研究内容，课程通过“基础理论—制备技术—实际应用”的教学主线，帮助学生系统地掌握胶体的基本性质、稳定机制及聚沉规律。结合打虎亭汉墓考古发现的豆腐制作工艺（世界上最早的人造胶体食品），学生深入理解了胶体在食品科学中的应用。通过溶胶-凝胶法制备气凝胶的案例，学生掌握了胶体化学在纳米材料制备中的关键作用。滇池污染治理案例则帮助学生理解胶体聚沉原理在水处理中的应用。

② 能力培养成效：通过豆腐制作工艺的古今对比，学生学会从胶体的稳定性角度分析传统技术的科学性，培养其科学思维。在气凝胶制备实验中，学生探索了不同干燥方法对材料性能的影响，提升科研创新能力。针对滇池污染的治理方案设计，学生结合所学提出可行性建议，提升解决实际问题的能力。

③ 价值引领成果：通过中国古代豆腐工艺的案例，学生认识到我国在胶体应用方面的悠久历史，增强民族自豪感。气凝胶在航天、环保等领域的应用案例，激发了学生投身新材料研发的热情和科技报国情怀。滇池治理案例引导学生思考胶体化学在环境保护中的社会责任，强化可持续发展理念和生态责任培养。

（2）教学反思与改进

然而，部分学生对胶体稳定性的微观机理理解不够深入，同时思政案例与理论知识的衔接还需进一步优化，避免生硬说教。前沿应用案例更新不及时，未能充分反映最新科研进展。因此，可以通过增设虚拟仿真实验模块，动态演示胶体聚沉过程，帮助学生直观理解 DLVO 理论，强化实验教学。结合最新科研成果（如柔性气凝胶在可穿戴电子设备传感器中的应用），优化课程思政案例库，提升教学内容的时效性。邀请相关环保企业专家参与滇池治理案例的教学，增强实践指导的针对性，深化产学研结合。

14.4
课外思考题

① 在我们日常生活中还有哪些物品属于胶体或大分子溶液？

② 分离带有不同电荷的胶体的有效方法有哪些

③ 测定聚合物分子量的方法有哪些？

14.5 教学评价

本课程通过“历史传承、科技创新、生态治理”三位一体的教学设计，实现了胶体化学知识传授与思政教育的有机融合。未来将持续优化案例体系，加强理论与实践的结合，引导学生将专业知识转化为服务于国家战略的实践能力，真正实现“学以致用、科技报国”的育人目标。本课程采用案例教学、小组讨论、师生互动等教学方法，通过案例引发学生对胶体特性的思考，激发其学习兴趣，以至深入探究胶体和大分子溶液在日常生活及科学研究中的应用，产出导向培养学生理论联系实际、学以致用的知识技能。通过新中国胶体科学主要奠基人傅鹰教授的个人经历作为案例，进一步升华学生的情感态度与价值引导，激发学生的家国情怀，达到了较好的教学效果。然而在教学方法的多样性及教学思路的连贯性上，还需要不断持续改进，以学生导向、目标产出为方向，不断优化教学过程。

14.6 参考案例与思政融合

14.6.1 参考案例 1：溶胶-凝胶法在科研中的应用

溶胶-凝胶法作为制备新型功能材料的重要方法，利用了本章胶体的制备方法中的胶溶法，目前正在指导研究生和本科生采用溶胶-凝胶法制备气凝胶材料进行科学研究，以制备具有出色隔热性能的高性能材料，并可以作为相变储能材料、催化材料、吸附材料的功能载体，在新能源、绿色化工、环境保护等领域具有良好的应用前景。

14.6.2 参考案例 2：环境保护——北方雾霾天气的成因及防治措施

北方雾霾天气频发，尤其在冬季，京津冀及周边区域常常启动空气重污染预警。雾霾不仅影响居民健康，还会对经济和社会发展产生负面影响。例如，2024 年 10 月北京启动空气重污染黄色预警。

雾霾的形成与工业排放、汽车尾气、燃煤等人类活动产生的污染物有直接关系。这些污染物包括一次污染物（如直接排放的颗粒物）和二次污染物（通过大气化学反应生成的颗粒物）。颗粒物由于沉降速度慢，容易在大气中长时间悬浮，从而形成雾霾。活性气态物质（如挥发性有机物、二氧化硫、氮氧化物、氨气）通过大气化学反应和物理过程转化为二次有机气溶胶与二次无机气溶胶，对重度雾霾的形成有重要贡献。

北方雾霾天气的治理措施：①减少排放。推动经济高质量发展，避免重工业和高排放产业在不适宜的季节加大排放。（2）清洁能源。推广清洁能源，减少化石燃料的使用，如推动北方地区利用清洁能源取暖。（3）植树造林。多植树造林，调节气候，涵养水源，减轻大气污染。

通过介绍北方雾霾天气的产生原因及治理方法，让学生了解物理化学知识在环境保护中的实际应用，增强环保意识和社会责任感，同时激发爱国情怀和民族自豪感。

14.6.3　参考案例 3：安全生产——预防煤矿工人患硅肺病及避免煤矿粉末爆炸

讲解矿井中粉尘的物理化学性质，以及粉尘如何导致硅肺病。硅肺病是由于长期吸入含有游离二氧化硅的粉尘引起的一种职业性疾病。二氧化硅促进巨噬细胞活化，然后释放成纤维细胞刺激因子，促进肺透明化和胶原沉积，导致病理性肺结节病变。煤矿粉末爆炸机制中，挥发物首先从加热的煤粉样本中释放并参与反应，导致爆炸。

最有效的预防硅肺病和煤矿粉末爆炸的措施是实施工程控制，以限制可吸入二氧化硅的暴露和易爆炸粉末的产生。具体措施如下：

① 改革生产工艺和设备：对于游离的二氧化硅粉尘浓度较大的工作地点，应实现送风排水自动化。在粉尘作业环境中强调加强通风，封闭粉尘来源，实行“湿”式作业。在生产工艺过程中，尽可能不用含二氧化硅等对人体危害严重的原材料。介绍气体除尘技术，如静电除尘、布袋除尘等，以及粉末爆炸的物理化学条件和预防措施。

② 加强个人防护：在粉尘作业环境中，应当自觉佩戴防尘口罩，遵守操作规程。口罩四周必须密封，以免粉尘从缝隙中侵入，必要时还可佩戴压风式防尘头盔。工作完毕应及时清洗口鼻和手部，以免粉尘残留导致误吸。

通过讨论气体除尘技术，强调科技创新在环境保护和安全生产中的作用，培养学生的创新意识和安全意识。使学生掌握气溶胶、粉尘等的物理化学性质及其在环境和健康问题中的作用，激发学生的环保意识、安全意识和社会责任感。强调劳动保护的重要性，讨论如何通过物理化学方法减少粉尘危害，提升学生对劳动者健康权益的关注。

参考文献

[1] 杨薇，杨菊芬. 5E教学模式融入课程思政在医用化学教学中的实践探索——以溶胶的基本性质为例[J]. 广东化工，2024，51(01)：177-181.

[2] 刘长霞，王洪玲，董翠芳，等. 以学生为中心的专业选修"金课"探索与实践——胶体与界面化学[J]. 化学教育(中英文)，2023，44(20)：36-43.

[3] 丁聪，顾江江，张瑾华，等. 将课程思政融入物理化学教学中的探索与实践——以农林高校《物理化学与胶体化学》教学为例[J]. 产业与科技论坛，2023，22(03)：209-211.

[4] 罗青枝，安静，崔敏，等. 胶体与界面化学课程中的思政内涵与融入[J]. 广东化工，2021，48(15)：239-240.

[5] 齐维琳，韩绪爽，陆博，等. 与雾霾相关的物理化学现象辨析[J]. 化学通报，2017，80(10)：971-975.

[6] 魏云霞. "新工科"背景下物理化学课程的教学改革与创新[J]. 创新教育研究，2022，10(04)：757-762.

[7] 王旭珍，王新平，王新葵，等. 大道至简，润物无声——物理化学课程思政的实践[J]. 大学化学，2019，34(11)：77-81.

第 15 章

相辅相成：探究润湿吸附在实际生产生活中的应用

——在“固液气界面”教学中融入课程思政的实践探索

专　　业： 化学/化学工程与工艺

授课对象： 化学专业/化学工程与工艺专业本科二年级学生

15.1 章节简介

本章探讨液-固界面的润湿作用及其影响因素，并分析固体表面的吸附机理与吸附等温式，揭示界面现象的热力学本质。

15.2 章节蕴含的思政元素分析

15.2.1　激发创新精神

以滇池水污染治理的实际案例出发，引出常用的水体污染物吸附材料，由日常生活现象引出物理化学原理，引导学生细心观察生活，并善于运用所学物理化学知识分析思考其原因，培养学生的科学精神。

15.2.2 培育科学精神

以江雷院士模仿荷叶等仿生结构设计具有超疏水性质的新型功能材料为案例，培养学生理论联系实际的科学思维和科学方法。利用表面张力差驱动纳米材料自组装，制备新型智能材料，通过自主查找界面相关研究成果和日常生活中界面现象，引导学生探究现象本质，培养科学探究精神。

15.2.3 塑造正确的价值观

通过傅鹰先生首次提出了利用润湿热测定固体粉末比表面的公式和方法（比 BET 吸附法早八年）的案例，培养学生的家国情怀，树立学生的民族自豪感、自信心和服务于经济社会发展的责任感和使命感，培养学生的团队合作能力和探索未知、勇攀高峰的科学精神，加强科学及工程伦理教育。

15.2.4 教学中的思政结合点

参见表 15-1。

表 15-1 润湿与铺展教学中的思政结合点

专业知识点	思政元素	方法
润湿定义	科学思维和科学方法	案例教学：江雷院士超疏水功能材料制备研究进展案例，引入润湿、铺展等物理化学知识在科学研究中的应用，培养学生理论联系实际的科学思维和科学方法
固体表面吸附	科学精神，生态环保意识	小组讨论：组织学生讨论纳米多孔材料在污染物去除方面的研究前沿进展，引导学生善于运用所学物理化学知识分析思考解决日常生活所遇到的实际问题，培养学生的科学精神，同时提高生态环保意识
吸附原理及其应用	家国情怀，民族自豪感	案例教学：傅鹰先生在研究吸附作用以及影响固体从溶液中吸附的多种因素时，进行了综合实验研究和具有指导意义的理论分析，已成为吸附理论的重要组成部分。他首次提出了利用润湿热测定固体粉末比表面的公式和方法，这一方法比 BET 吸附法早八年通过该案例培养学生的家国情怀和民族自豪感

15.3 教学设计

15.3.1　教学章节

第十三章　表面物理化学

13.6　液-固界面——润湿作用

13.8　固体表面的吸附

15.3.2　教学目标

15.3.2.1　知识目标

① 掌握润湿铺展与吸附等概念。

② 理解润湿铺展的基本概念、影响因素以及润湿铺展系数的计算方法。

③ 理解表面吸附的分类及特点。

15.3.2.2　能力目标

① 掌握润湿铺展与吸附在实际生活中的应用。

② 能够运用润湿铺展与吸附原理来解释荷叶效应、活性炭吸附等常见现象。

③ 培养学生的实验操作能力、数据分析能力和科学探究能力。

15.3.2.3　价值目标

① 通过江雷院士超疏水功能材料制备研究进展的案例，引入润湿、铺展等物理化学知识在科学研究中的应用，培养学生理论联系实际的科学思维和科学方法。

② 培养学生实事求是、学以致用的科学精神，以及为人民服务的社会主义核心价值观，培养学生的应用能力及工匠精神。

③ 培养学生的团队合作能力和探索未知、勇攀高峰的科学精神；加强科学及工程伦理教育。

15.3.3　教学内容分析

15.3.3.1　教学内容

（1）液-固界面现象

① 粘附功、浸湿功和铺展系数；

② 接触角与润湿作用：接触角的定义及公式，杨氏方程，润湿与铺展。

（2）固体表面的吸附

① 吸附等温线；

② 吸附的定义、类型：化学吸附和物理吸附特征的比较；

③ 主要吸附理论：朗缪尔（Langmuir）单分子层吸附等温式、BET 理论。

“物理化学”课程中“液-固界面现象与表面吸附”模块采用“现象、理论、应用”三维教学法，系统构建知识体系。在液-固界面部分，以接触角这一直观现象为切入点，通过杨氏方程揭示表面张力与润湿性的定量关系，进而串联黏附功、浸湿功和铺展系数等热力学参数，形成完整的润湿理论框架。在固体吸附部分，从吸附等温线实验现象出发，对比物理吸附与化学吸附的特征差异，重点解析 Langmuir 单分子层吸附模型和 BET 多分子层吸附理论，建立“宏观吸附行为—微观作用机理—数学模型描述”的知识链条。教学中采用“问题导向＋案例驱动”模式，如结合超疏水材料设计讲解润湿理论，通过催化剂表征案例阐释吸附模型的应用价值，实现基础理论与前沿研究的有机衔接。通过虚拟仿真实验辅助教学，直观展示接触角测量和吸附等温线测定过程，强化理论与实践的结合，培养学生运用界面化学原理解决材料、环境等领域实际问题的能力。

15.3.3.2 教学重点

① 掌握润湿与吸附的基本原理及其热力学解释；

② 理解表面活性剂在润湿和吸附中的作用机制。

15.3.3.3 教学难点

液体的铺展和固体表面的吸附原理；固体表面气体吸附的原理；固体表面气体吸附的模型和公式的应用。

15.3.4 教学过程

依据教学目标、学生中心和产出导向等 3 个方面，对“接触角、润湿、吸附”的教学内容、教学方法和思政元素进行了精心设计。

15.3.4.1 引入阶段

采用案例导入教学，引导学生阅读江雷院士发表在 *Nature Reviews Materials* 期刊上的文章“Nature-inspired super-wettability systems”，从仿生角度的超润湿系统出发，引导学生思考其中蕴含的物理化学原理，从而引入本节课所学内容——润湿现象，引导学生联想现实生活中还有哪些与润湿相关的现象。

15.3.4.2　知识讲解阶段

（1）润湿作用

润湿作用是液-固界面的重要现象，在工业、材料科学和日常生活中具有广泛应用。理解润湿作用的关键在于掌握粘附功（W_a）、浸湿功（W_i）和铺展系数（S）三个核心概念，以及接触角（θ）的物理意义。

课程思政融入点：

① 科学精神：通过杨氏方程推导，培养学生严谨的逻辑思维；

② 创新应用：结合超疏水材料（如仿生涂层）案例，强调基础研究对国家科技发展的支撑作用；

③ 社会责任：讨论工业润湿技术（如农药喷洒、石油开采）中的效率与环保问题，引导学生关注技术伦理。

（2）固体表面吸附

固体表面吸附是界面化学的核心内容，涉及气体或液体分子在固体表面的富集现象，对催化、分离和环境治理等领域至关重要。

课程思政融入点：

① 家国情怀：介绍我国科学家在吸附材料（如分子筛、碳捕集技术）研究中的突破；

② 辩证思维：对比物理吸附与化学吸附的优缺点，启发学生多角度分析问题；

③ 实践导向：结合空气净化、废水处理等实际案例，强化科技报国的使命感。

通过润湿与吸附的理论学习，学生不仅能够掌握界面化学的核心知识，还能从科学史、技术应用和社会需求中深化对学科价值的认知。

15.3.4.3　案例分析与讨论阶段

（1）课堂提问

提问：江雷院士所研究的超浸润体系的原理、意义及应用是什么？

超浸润体系的原理：

① 微纳米多级结构：微纳米结构的大小和排列决定了材料是否具有超浸润特性。

② 表面能的协同效应：静态浸润性取决于纳米结构和表面能的协同效应。

③ 化学组成梯度、粗糙梯度、曲率梯度调控流体输运的方向。

超浸润体系的研究意义：

不仅推动了材料科学的发展，还促进了界面化学领域的进步。通过模仿自然界中的超浸润现象，科学家们能够设计出具有特定润湿性能的材料，这些材料在多个领域展现出了广泛的应用前景。

超浸润体系的应用：

① 自清洁材料：超疏水材料制成的自清洁领带和防雾玻璃等产品，已经在市场中取得了成功。

② 油水分离：超浸润材料在油水分离设备中得到应用，有助于高效分离油水混合物。

③ 绿色印刷技术：从电鳗发电的自然现象中获得启示，发展了利用超浸润纳米孔道来发电的能量转换系统。

④ 防覆冰、防雾镜：超浸润体系在防覆冰、防雾镜等应用中展现出其独特的性能。

⑤ 热对流、体细胞捕获：超浸润体系也在热对流和体细胞捕获等领域有所应用。

⑥ 传感器和能源转换：在传感器制造和能源转换领域，超浸润体系提供了新的解决方案。

提问：润湿铺展现象在实际生产生活中还有哪些应用？请举例说明。

① 材料表面润湿性：润湿性是材料表面的重要特性之一，已经成功运用到人类生活的各个方面，例如润滑、黏接、泡沫、防水等。在农药喷雾、机械润滑等方面要求液体具有良好的亲水性，而对于具有超疏水表面的金属材料则具有自清洁作用，可提高其抗污染、防腐蚀的能力。

② 油水分离材料：研究高效率的油水分离材料，或者使材料更新换代，提供节水、节能、节电且绿色低碳环保的产品，对实现“碳达峰”“碳中和”目标具有重要意义。

③ 感光材料工业：在感光材料工业中，使用合适的润湿剂攻克了因润湿性能不好、涂布不够均匀的问题，提高了彩色电影胶片的质量。

④ 在矿物浮选中的实际应用，如硫化铜铅锌矿处理方法中，通过添加不同的抑制剂和捕收剂，改变矿物表面的润湿性，实现铜铅混合精选。

（2）小组讨论

讨论：润湿与吸附在滇池污染治理等环境保护领域中的应用

在滇池污染治理中，可以应用复合吸附材料，这些材料由化学吸附剂分散在多孔基质中。这种复合材料可以提高吸附容量，同时物理多孔吸附剂可以提高吸附速率，并有效防止化学吸附剂的体积膨胀、聚集甚至液体泄漏。这种复合吸附过程可能同时或按顺序涉及物理吸附、化学吸附和体积吸附，这揭示了大多数吸附剂工作原理的演变或转化。

油水分离材料的研究进展表明，特殊润湿性膜材料在油水分离方面表现出了巨大的应用潜力。这些材料可以解决强酸、强碱、高温等恶劣环境下的油污染问题，具有化学稳定性和超疏水性。对于高原湖泊城市重污染排水区的综合治理，减少含油污水直排对高原生态的保护具有重要意义。

含油污水处理是环境保护和工业生产中的一个重要课题。润湿现象在油水分离技术中起着关键作用，因为矿物或材料的润湿性决定了其与油或水的亲和力，进而影响分离效果。

通过讨论润湿铺展现象在滇池水污染治理中的实际应用，以及特殊润湿性材料在油水分离中的应用，如超疏水/超亲油金属网的制备和应用，激发学生对科学探索的兴趣，引导学生思考润湿性如何影响油水分离效率，以及如何通过改变材料的表面性质来优化分离过程，增强学生的环保意识和责任感。

15.3.4.4　情感态度与价值观引导阶段

价值培养渗透在知识点的学习中。在引导学生对吸附现象的思考过程中，培养其科学思维；通过展示表面张力在科研中的应用，以江雷院士超疏水功能材料制备的研究进展为案例，激发学生的科学精神，培养学生的家国情怀，利用所学为民造福，为国家发展做贡献。这些思政元素传递了科学精神、家国情怀与文化自信，对学生起到了潜移默化的作用，必将影响他们的人生观、世界观和价值观。

15.3.4.5　总结与反馈阶段

（1）教学效果

① 知识目标达成情况：

a. 学生能够准确区分粘附功、浸湿功和铺展系数的物理意义，并运用杨氏方程分析接触角与润湿性的关系。通过超疏水材料（如荷叶效应、自清洁涂层）的案例分析，学生理解了基础理论在先进材料研发中的应用。

b. 学生掌握了物理吸附与化学吸附的本质区别，并能用 Langmuir 和 BET 模型解释实际吸附现象（如活性炭净水、催化剂设计）。

② 能力目标提升表现：

a. 科学思维培养：在推导杨氏方程和吸附等温式时，学生逐步建立起“实验现象—数学模型—实际应用”的逻辑链条，体现了物理化学的严谨性。

b. 创新意识激发：在讨论润湿性调控（如石油开采中的驱油剂设计）和吸附材料

（如 CO_2 捕集技术）时，学生提出了跨学科解决方案，展现了理论联系实际的能力。

③ 思政育人成效：

a. 通过介绍我国在超润湿材料领域的突破性成果，学生增强了科技自信。

b. 在分析工业润湿技术（如农药喷洒效率）和吸附环保应用（如重金属废水处理）时，学生主动探讨了技术优化与社会责任的平衡问题，融入了科学伦理与可持续发展的理念。

（2）反思

以“超疏水仿生材料”和“滇池水污染治理”等热点问题导入理论，显著提高了学生的兴趣。在润湿理论中融入“基础研究支撑技术卡脖子突破”的讨论，避免了思政内容的生硬嫁接。然而，部分学生对界面张力的微观机制（如表面自由能）存在困惑，需增加动态模拟（如分子动力学动画）辅助教学。尽管技术应用案例引发了学生的兴趣，但对科学家精神（如 Langmuir 的探索历程）和科技伦理（如吸附材料的成本与普惠性）的挖掘仍需深化。因此，可以在润湿部分增加“中国科学家在超疏水领域的贡献”专题研讨；在吸附部分设计“如何平衡工业吸附技术的经济性与环保性”辩论活动。

本次教学通过润湿、铺展和吸附三个模块，实现了知识传授、能力培养与价值引领的有机统一。学生不仅掌握了界面化学的核心理论，更在科技报国、创新驱动发展的思政语境中深化了学科认同感。未来需进一步优化教学策略，将“硬知识”与“软价值”融合得更加紧密，培养兼具科学素养和社会责任感的新时代科技人才。

15.4 课外思考题

① 新雨伞表面淋雨后水滴比旧雨伞更容易流走，其中的原因是什么？请结合润湿作用解释。

② 如何将室内装修后残留的挥发性有机化合物（VOCs）等有害成分去除？常用的方法有哪些？这些方法属于哪种吸附类型？

15.5 教学评价

课程以“基础理论—科研突破—工程应用”为主线，系统讲授了润湿铺展与吸附的基本原理。通过江雷院士团队在超疏水材料领域的突破性研究，学生深入理解了接触角、表面能等核心概念。结合傅鹰教授提出的润湿热测定方法，学生掌握了固体比表面测定的经典技术。滇池水污染治理中吸附材料的应用案例，则帮助学生建立起理论知识与环境工程实践的联系。

本课程通过将我国科学家的重大研究成果与基础理论教学有机结合，实现了知识传授与价值引领的协同效应。特别是通过超疏水材料研究和环境污染治理等案例，培养了学生的创新精神和社会责任感。未来将持续优化“科学家故事＋科研案例＋工程应用”的教学模式，进一步提升课程思政育人实效，升华情感态度价值引导，激发学生的家国情怀，从而达到较好的教学效果。然而在教学方法的多样性及教学思路的连贯性上，还需要不断持续改进，以学生导向、目标产出为方向，不断优化教学过程。

15.6 参考案例与思政融合

15.6.1　参考案例 1：己醇在水面上的铺展

教师在课堂上做己醇在水面上铺展的演示实验。首先，准备己醇和水，以及测量表面张力的仪器。将一滴己醇滴在洁净的水面上，观察并记录己醇在水面上的铺展行为。测量己醇和水的表面张力，以及己醇和水相互饱和后的表面张力。然后，使用公式 $S=\sigma_{水}+\sigma_{己醇}-\sigma_{己醇,水}$ 计算铺展系数。分析铺展系数的正负值对己醇在水面上铺展行为的影响。

通过分析己醇在水面上的铺展行为，引入润湿和铺展的概念。通过计算表面张力的变化，学生可以了解润湿现象的物理化学原理。通过实验演示己醇在水面上的铺展现象，并记录铺展前后接触角的变化。计算铺展系数，分析己醇和水相互饱和后铺展系数的变化。引导学生思考己醇铺展现象在环境保护中的应用，如油水分离技术，增强学生的环保意识。通过讨论己醇铺展现象在工业生产中的实际应用，激发学生对科学探索的兴趣。

通过这个案例，可以讲解润湿的三种类型，即沾湿、浸湿和铺展，并讨论接触角与界面张力之间的关系。通过本案例的学习，学生不仅能掌握有关润湿铺展的基础知识，并理解其在实际生活中的应用，还可以培养科学探索精神和对科学的热爱。以“界面现象”为主题，探讨物质在气、液、固三种相态交界的地方产生的特殊现象和性质。教学设计思想是通过“现象—本质—规律”的知识线展开教学的，同时以思政育人目标为导向，创设思政线，将知识线与思政线“双线融合”。

15.6.2 参考案例 2：傅鹰与润湿热测定固体粉末比表面的方法

介绍傅鹰的生平和对中国胶体科学的贡献，特别是他在润湿热测定固体粉末比表面方法上的创新。傅鹰是中国胶体科学的主要奠基人之一，他在物理化学领域有着卓越的贡献。1929 年，傅鹰发表了他的博士论文，在其中对著名的“特劳贝规则”进行了修改和补充，还首次测定了四种不同的二元液体混合物对固体的润湿热，比 BET 理论提出早 8 年，他的研究在科学上具有开创性。

讲解润湿热测定方法的物理化学原理，通过实验演示润湿热测定固体粉末比表面积。准备固体粉末样品和测量表面张力的仪器，按照傅鹰提出的方法，测定固体粉末样品的润湿热。根据润湿热数据计算固体粉末的比表面，并讨论实验结果，培养学生的实验操作能力和数据分析能力。

通过该案例培养学生的科学探索精神和爱国主义情感，引导学生思考如何将物理化学知识应用于国家建设，培养学生的实践能力和创新精神。

参考文献

[1] 郭佩佩，关爽，赵振波，等. “物理化学”课程思政教学案例的思考[J]. 广州化工，2023，51(14)：180-182.

[2] 孙艳辉，南俊民，马国正，等. 物理化学课程思政教学设计与实践[J]. 大学化学，2021，36(03)：213-218.

[3] 周亭，王芳珠，张志庆，等. 工科非化学类专业物理化学的教学设计与实践[J]. 大学化学，2018，33(12)：1-7.

[4] 李文涛，雍佳乐，杨青，等. 基于特殊润湿性材料的油水分离[J]. 物理化学学报，2018，34(05)：456-475.

[5] Liu M，Wang S，Jiang L. Nature-inspired superwettability systems[J]. Nature Reviews Materials，2017，2(07)：17036.